# 新約聖書ギリシア語の文法解説

### シンタックスについての学習者のための手引き

ディーン・P・ベシャルド S.J. 著

山中 大樹 S.J. 訳

教友社

*Syntax of New Testament Greek: A Student's Manual*
(Subsidia Biblica 49; Roma: G&B, 2019)
by Dean P. Béchard, S.J.
©2023 Pontificio Istituto Biblico
tr. by Taiju Yamanaka, S.J.


*Imprimi Potest*
*September 8, 2022*
*Society of Jesus, Japan Province*

# 目　次

# 訳者まえがき

　本書は教皇庁立聖書研究所（ローマ）で新約釈義学とギリシア語の講義を担当しておられる Dean P. BÉCHARD 教授によって執筆された *Syntax of New Testament Greek: A Student's Manual*（Subsidia Biblica 49; Roma: G&B Press, 2019）の日本語訳です。すでに原著はイタリア語とスペイン語とポルトガル語に翻訳され出版されていますが、私訳としては韓国語訳も存在しています。

　原著は新約聖書ギリシア語初級を学び終えた聖書学の学生が、新約聖書をギリシア語テキストで読み、理解するための助けとして書かれました。原著者は聖書研究所の研究者・教育者（新約釈義学・ギリシア語）であり、カトリック・イエズス会に属する修道司祭です。司祭養成のための哲学・神学研究に続き、イェール大学で使徒行伝についての研究で博士号（Ph.D.）を取得されました。その学究を通して、古典語としてはラテン語、古典ギリシア語、コイネー・ギリシア語、聖書ヘブライ語、アラマイ語、シリア語に精通されています。原著者の研究と教授経験に裏付けられて執筆された原著は、聖書学研究所の学生たちが学究に勤しみ、親しむために多くの助けを与えています。

　原著者の指導のもと、訳者は聖書研究所で博士課程を終えましたが、研究期間中、日本で聖書を読み、学ぶ人々にとって、新約聖書のギリシア語テキストを読むため、実践的に助けたりうる本が必要だと感じていました。そのようなときに原著が出版され、これを日本語へと翻訳した次第です。本翻訳書が日本で新約聖書を読む人々の助けとなるようにと心から願っております。

　なお、本書中のギリシア語テキストは原著に基づいており、新約聖書ギリシア語テキストとして一般に用いられているネストレ・アーラント版 (28 版) と一致しないことがあります。また、その日本語訳は、読者が関連文法事項をよりよく理解できるように配慮しつつ、訳者が訳出しています。

　末筆となりますが、本書出版を支援してくださったイエズス会日本管区と教友社の阿部川直樹様をはじめ、多くのみなさまに心からの感謝を申し上げます。

2022 年 9 月 8 日

訳者

# 略号表

| | |
|---|---|
| ANRW | *Aufstieg und Niedergang der römischen Welt: Geschichte und Kultur Roms im Spiegel der neueren Forschung*. (eds. H. TEMPORINI – W. HASSE; Berlin 1972 –) |
| ASBF | Analecta. Studium Biblicum Franciscanum |
| BDAG | W. BAUER – F.W. DANKER – W.F. ARANDT – F.W. GINGRICH, *Greek-English Lexicon of the New Testament and Other Early Christian Literature* (Chicago, Il ³1999) |
| BDF | F. BLASS – A. DEBRUNNER – R.F. FUNK, *A Greek Grammar of the New Testament and Other Early Christian Literature* (Chicago, IL 1961) |
| *Bib* | *Biblica* |
| *ExpTim* | *Expository Times* |
| *GTJ* | *Grace Theological Journal* |
| JSNT.S | Journal for the Study of the New Testament: Supplement Series |
| LSJ | H.G. LIDDELL – R. SCOTT – H.S. JONES, *A Greek-English Lexicon* (Oxford ⁹1996) |
| *NovT* | *Novum Testamentum* |
| NTTS | New Testament Tools and Studies |
| *RB* | *Revue biblique* |

# 参考文献

## 辞書

ABBOTT-SMITH, G., *A Manual Greek Lexicon of the New Testament* (Edinburgh 1922)

BAUER, W. – DANKER, F.W. – ARNDT, W.F. – GINGRICH, F.W., *A Greek-English Lexicon of the New Testament and Other Early Christian Literature* (Chicago, IL ³1999)

CHANTRAINE, P., *Dictionnaire étymologique de la langue grecque: Histoire des mots*, 4 vols. (Paris 1968-1980, ²1999)

GARCÍA SANTOS, A.A., *Diccionario del Greco Biblico: Setenta y Nuevo Testamento* (Estella [Navarra] 2011)

FRIBERG, B. – FRIBERG, T. – MILLER, N.F., *Analytic Lexicon of the Greek New Testament* (Grand Rapids, MI 2000)

LAMPE, G.W.H., *A Patristic Greek Lexicon* (Oxford 1961)

LIDDELL, H.G. – SCOTT, R., *A Greek-English Lexicon: A New Edition revised and augmented throughout* by H.S. JONES, assisted by R. MCKENZIE (9th ed.: 1925-1940; repr. 1966; with revised supplement, 1996)

LOUE, J.P. – NIDA, E.A., *Greek-English Lexicon of the New Testament Based on Semantic Domains*, 2 vols. (New York 1989)

MONTANARI, F., *Vocabolario della lingua greca* (Torino ²2004)

MOULTON, J.H. – MILLIGAN, G., *The Vocabulary of the Greek Testament Illustrated from the Papyri and Other Non-Literary Sources* (London ²1957)

ROCCI, L. (et al.), *Vocabolario Greco italiano* (Roma 2011)

RUSCONI, C., *Vocabolario del Greco del Nuovo Testamento* (Bologna ²1997)

STEPHANUS, H., *Thesaurus Graecae Linguae*, 8 vols. (repr. Graz 1954)

THAYER, J.H., *Greek-English Lexicon* (1886; repr. Peabody, MA 1996)

VAN WINDEKENS, A.J., *Dictionnaire étymologique complémentaire de la langue grecque: Nouvelles contributions à l'interprétation historique e compare du vocabulaire* (Leuven 1986)

ZORELL, F., *Lexicon Graecum Novi Testamenti* (Paris 1904, [3]1961; Rome [5]1999)

## 文法書

ABEL, F.-M., *Grammaire du Grec biblique, suvivie d'un choix de papyrus* (Paris [2]1927)

BLASS, F. – DEBRUNNER, A. – FUNK, R.W., *A Greek Grammar of the New Testament and Other Early Christian Literature* (Chicago, IL 1961)

HOFFMANN, E.G. – VON SIEBENTHAL, H., *Griechische Grammatik zum Neuen Testament* (Riehen [2]1990)

HUMBERT, J., *Syntaxe grecque* (Paris [3]1960)

MOULE, C.F.D., *An Idiom-Book of New Testament Greek* (Cambridge [2]1959)

MOULTON, J.H., *A Grammar of New Testament Greek.* Vol. 1, Prolegomena (Edinburgh [3]1908)

MOULTON, J.H. – HOWARD, W.F., *A Grammar of New Testament Greek.* Vol. 2, *Accidence and Word Formation* (Edinburgh 1908)

MOULTON, J.H. – TURNER, N., *A Grammar of New Testament Greek.* Vol. 3, Syntax (Edinburgh 1908)

MOULTON, J.H. – TURNER, N., *A Grammar of New Testament Greek.* Vol. 4, Style (Edinburgh 1908)

PORTER, S.E., *Idioms of the Greek New Testament* (Biblical Languages, Greek; Sheffield [2]1996)

ROBERTSON, A.T., *A Grammar of the Greek New Testament in Light of Historical Research* (New York ⁴1923)

SCHWYZER, E., *Griechische Grammatik auf der Grundlage von Karl Brugmanns griechischer Grammatik* (Handbuch der Altertumswissenschaft II/I.1-3; Munich ²1959)

SMYTH, H.W., *Greek Grammar* (rev. ed. By G.M. MESSING; Cambridge, MA 1956)

WALLACE, D.B., *Greek Grammar Beyond the Basics: An Exegetical Syntax of the New Testament* (Grand Rapids, MI 1996)

YOUNG, R.A., *Intermediate New Testament: A Linguistic and Exegetical Approach* (Nashville, TN 1994)

ZERWICK, M., *Biblical Greek Illustrated by Examples* (trans. J. SMITH; SPIB 114; Rome 1963)

# 第1章　シンタックス（総論的イントロダクション）

さらなる学習のために：[1]

ABEL, *Grammaire*, 356-366; BDF §§ 458-478; HOFFMANN – SIEBENTHAL, *Grammatik*, §§ 266-292; HUMBERT, Syntaxe, 65-99; MOULTON – TURNER, *Syntax*, 318-323; PORTER, *Idioms*, 286-297; RADERMACHER, L., "Besonderheiten der Koine-Syntax", *Wiener Studien* (*Zeitschrift für Philologie*) 31 (1909) 1-12; ROBERTSON, *Grammar*, 390-445; SCHWYZER, *Grammatik*, 5-17, 619-698; SMYTH, *Grammar*, §§ 900-921, 2153-2279, 2369-2768; WALLACE, *Grammar*, 656-665; YOUNG, *Intermediate*, 205-219.

## 1．総論的イントロダクション

　「シンタックス（syntax）（統語法）」（σύνταξις）とは、言語要素（語、句、節）を文法的関係へと意図をもって配列することを意味します。シンタックスに基づく関係を注意深く分析することは、それぞれの言語的要素や文全体の意味を理解するために欠かせません。

## 1．1．品詞（part of speech）

　それぞれの語（word）は、その語が文中で他の語とどのように関係して

---

　1)　参考文献は略語表記しているので、本書「参考文献」（xvi 頁〜 xviii 頁）を参照してください。

いるかを規定する文法上の機能を果たすことによって、文の意味に貢献します。語は8つの「品詞」（τὰ μέρη τοῦ λόγου）に分類されますが、各品詞は文のシンタックスにおいて基本的な文法機能を果たします。8つの品詞とは次の通りです。

名詞：人（例：κύριος）、もの（例：λόγος）、名詞化された行為（例：τὸ λέγειν）を指示する語です。

動詞：行為や状態を指示する語です。

形容詞：性質（ὁ κύριος ὁ ἀγαθός）や行為（ὁ κύριος ὁ λέγων）などの属性を表すことで名詞・代名詞を修飾する語で、係る語と性数格が一致します。
　　注：分詞は動詞から派生した形容詞です。

冠詞：特定の個人（ὁ κύριος 主）、ある類に属するものの全体（οἱ ἄνθρωποι 人・人類）や抽象概念（ἡ ἀρετή 徳）を指示しつつ名詞を限定する語で、係る語と性数格が一致します。

代名詞：文脈から読者が理解することが期待される、別の名詞（人・もの）の代わりに用いられる語です。代名詞には人称代名詞（αὐτός, αὐτή, αὐτό）、指示代名詞（οὗτος, αὗτη, τοῦτο）、関係代名詞（ὅς, ἥ, ὅ）、疑問代名詞（τίς, τί）があります。

前置詞：名詞と共に（通常は名詞に先行して置かれる）「前置詞句」を形成するために用いられる語です。前置詞句は形容詞的（名詞を修飾します）であるか、副詞的（動詞の行為を限定します）です。

副詞：動詞の行為を修飾または限定する語形変化を持たない語です。

接続詞：論理的に決定づけられた関係へと文法的諸要素（語、節、文）をつなぐ連結語です。

## 1．2．句 (phrases)

　さまざまな長さや複雑さを持った「意味のまとまり (sense units)」と呼びうるものへと語が繋がりあったときに、意味が伝達されます。最も短く、最も単純な意味のまとまりを「句」と呼びますが、たいていの場合、句は前置詞と名詞または代名詞を含みます。

$$\grave{\epsilon}\nu\ \tau\alpha\hat{\iota}\varsigma\ \grave{\eta}\mu\acute{\epsilon}\rho\alpha\iota\varsigma\ \tau\alpha\acute{\upsilon}\tau\alpha\iota\varsigma\quad（「それらの日々に」）$$

$$\kappa\alpha\tau\grave{\alpha}\ \pi\acute{o}\lambda\iota\nu\quad（「それぞれのまちで」）$$

$$\delta\iota\grave{\alpha}\ \tau o\hat{\upsilon}\tau o\quad（「この［理由の］ために」）$$

$$\pi\epsilon\rho\grave{\iota}\ \tau\hat{\eta}\varsigma\ \beta\alpha\sigma\iota\lambda\epsilon\acute{\iota}\alpha\varsigma\ \tau o\hat{\upsilon}\ \theta\epsilon o\hat{\upsilon}\quad（「神の王国について」）$$

$$\epsilon\grave{\iota}\varsigma\ \tau\grave{o}\nu\ o\grave{\upsilon}\rho\alpha\nu\acute{o}\nu\quad（「天へと」）$$

$$\pi\rho\grave{o}\varsigma\ \tau\grave{\eta}\nu\ \theta\acute{\alpha}\lambda\alpha\sigma\sigma\alpha\nu\quad（「海に向かって」）$$

## 1．3．節 (clauses)

　「節」は、通常、主語と、定形動詞または分詞や不定詞といった非定形動詞で表される述語を含んだ、より大きな意味のまとまりです。行為が動詞の定形で表されるとき、行為の主語（行為者）は主格の名詞または代名詞で表されるか、動詞の形に暗示されています。ある動詞は自動的意味を持ちますが（直接目的語をとらない）、多くの動詞は直接補語と間接補語でさらに特

4

定される他動的行為を表します。

> ἐδάκρυσεν ὁ Ἰησοῦς　「イエスは泣いた」（ヨハ 11:35）：自動的行為
>
> τοῦτον τὸν Ἰησοῦν ἀνέστησεν ὁ θεός　「このイエスを神は立ち上がらせ
> た」（使 2:32）：他動的行為

　節は主節（independent）であるか、従属節（dependent）であるかです。主節はそれ自体で完全な思考のまとまりを表しますので、完全な文（主語－動詞［－目的語］）として自立できます。対照的に、従属節はそれ自体で自立することができないまとまりであって、文中の他の要素に従属しています。従属節はその節が従属する要素に対して、その意味を修飾するか、完全なものにします。従属節が名詞に係るときには、その名詞と実詞関係（substantival relation）にあります。従属節が他の節に係るときには、その節に対して従属関係（subordinate relation）にあります。

> τὸν δὲ ἀρχηγὸν τῆς ζωῆς ἀπεκτείνατε ὃν ὁ θεὸς ἤγειρεν ἐκ νεκρῶν　「彼
> らはいのちの導き手を殺したが、彼を神は死者たちから立ち上がらせた」
> （使 3:15）：実詞関係

> τί με δεῖ ποιεῖν ἵνα σωθῶ　「私が救われるために何をすべきですか」（使
> 16:30）：従属関係

> τοῦτον ὁ θεὸς ἀρχηγὸν καὶ σωτῆρα ὕψωσεν τῇ δεξιᾷ αὐτοῦ τοῦ δοῦναι
> μετάνοιαν τῷ Ἰσραὴλ καὶ ἄφεσιν ἁμαρτιῶν　「イスラエルに悔い改めと
> 罪の赦しをもたらすために、神はこの方を導き手と救い主としてその右
> に挙げました」（使 5:31）：従属関係

## ２．単文（simple sentence）

　単文は自立した思考のまとまりであって、いくつかの形態をとることができます。

陳述文（statement）：動詞の直説法を伴い、過去・現在・未来の事実について断言的に主張する文です。

疑問文（question）：疑問代名詞・形容詞・副詞によってしばしば導かれる疑問の陳述をする文です。

命令文（command）：命令法動詞を伴い、発話者が他者にして欲しいこと（二人称）、または、発話者が起こって欲しいこと（三人称）を表現する意志について陳述する文です。

勧告文（exhortation）：接続法動詞（一人称）を伴い、何か行動するようにと他者に勧告する意志を陳述する文です。

禁止文（prohibition）：発話者が他者にして欲しくないこと（二人称）、または、発話者が起こって欲しくないこと（三人称）を表現する、否定的意志を陳述する文です（μή＋現在命令法、または、μή＋アオリスト接続法）。

祈願文（wish）：希求法動詞を伴い、発話者が希望することや望むことが未来に起こるようにという意志を陳述する文です。

## 2.1. 単文のシンタックス

　単文は思考の完全なまとまりを前述したそれぞれの形態で表しますが、「主語」（能動的あるいは受動的行為をする人、または、もの）と「述語」（動詞によって表現された主たる行為で、動詞はしばしば直接補語と間接補語の両者あるいは一方でさらに限定される）を含みます。それぞれの語を単文の中でどのように配置するのか決まった規則はありません。その理由は、（多くの現代語のように）文中での語の配置順序ではなく、語の形（つまり、格）、あるいは、前置詞の用法によって、それぞれの語の文法的機能が決定されるからです。しかし、会話的な散文では「通常の語順」へと近づく傾向があります。

　「通常の」語順で、単文は前の文とその文を繋げる連結語で始まりますが、それはしばしば καί や δέ や ἀλλά といった接続詞です。他の場合、単文は何らかの移行を示す前置詞句で始まります。何らかの移行とは前文との連結を作り出すこと、前文で叙述されたこと、論理的関連性を示すことです。以下は、導入的な移行を示す前置詞句の例です。

ἐν ταύταις δὲ ταῖς ἡμέραις κατῆλθον ἀπὸ Ἱεροσολύμων προφῆται εἰς Ἀντιόχειαν 　「<u>その頃</u>、預言者たちがエルサレムからアンティオキアに下ってきた」（使 11:27）

διὰ τοῦτο ἐν παραβολαῖς αὐτοῖς λαλῶ 　「<u>それ故</u>、私は彼らに譬えで語るのだ」（マタ 13:13）

ἐκ τούτου πολλοὶ [ἐκ] τῶν μαθητῶν αὐτοῦ ἀπῆλθον εἰς τὰ ὀπίσω καὶ οὐκέτι μετ᾽ αὐτοῦ περιεπάτουν 　「<u>その後</u>、彼の弟子の多くは去り、もはや彼と共に歩まなかった」（ヨハ 6:66）

　多くの単文で、移行的接続詞または移行句は最初に置かれ、文の主たる要素が「動詞 ＋ 主語 ＋ 直接／間接補語」という語順で続きます。しかし、この語順は決して厳格には守られていないことに注意が必要です。文のいかなる要素も、強調するために、文の最初、あるいは、最後に置くことができます。

## ２.２.　単文のシンタックスの中断

　接続詞省略（asyndeton）：接続語や移行句によって主節が導入されないときに起こります。このスタイルの特徴は修辞的効果をもたらすことですが、幸いについての宣言（ルカ 6:20b-21）のように、連続した荘厳な命令、勧告や叙述にしばしば見いだされます。

μακάριοι οἱ πτωχοί, ὅτι ὑμετέρα ἐστὶν ἡ βασιλεία τοῦ θεοῦ.

μακάριοι οἱ πεινῶντες νῦν, ὅτι χορτασθήσεσθε.

μακάριοι οἱ κλαίοντες νῦν, ὅτι γελάσετε.

「幸いなるかな、貧しい者たち。神の国はあなたたちのものだから。

　幸いなるかな、今、空腹な者たち。あなたたちは満たされるだろうから。

　幸いなるかな、今、泣いている者たち。あなたたちは笑うだろうから」

転移（dislocation）：ある要素を強調するために、近接した言語的要素どうしが文中で離れて配置され、分離しているときに起こります。

ἀνθρώπου τινὸς πλουσίου εὐφόρησεν ἡ χώρα　「ある金持ちの畑が豊作だった」（ルカ 12:16）

ἐπιποθῶ γὰρ ἰδεῖν ὑμᾶς, ἵνα τι μεταδῶ χάρισμα ὑμῖν πνευματικὸν εἰς τὸ στηριχθῆναι ὑμᾶς 「私はあなたたちに会うことを熱望しています。私はあなたたちを力づける何らかの霊的な賜物をあなたたちに分け与えたいからです」（ロマ 1:11）

挿入（parenthesis）：文の中で述べられた要素を説明するか敷衍するような挿話的コメントを差し込むために、文のシンタックスが中断されたとき、しばしば起こります。

καὶ ἐν ταῖς ἡμέραις ταύταις ἀναστὰς Πέτρος ἐν μέσῳ τῶν ἀδελφῶν εἶπεν·
— ἦν τε ὄχλος ὀνομάτων ἐπὶ τὸ αὐτὸ ὡσεὶ ἑκατὸν εἴκοσι —
ἄνδρες ἀδελφοί, ἔδει πληρωθῆναι τὴν γραφὴν [...]
「その頃、ペトロは兄弟たちの間で立って、言った、
— 人々の集団は全体でおよそ 120 人だった —
『兄弟たち、この聖句は成就しなければならなかった。…』」（使 1:15-16）

破格構文（anacoluthon）：言語的要素（語、句、または、節）が挿入されていて、それが文のシンタックス上の構造に合わない場合に起こります。この現象は話し言葉でしばしば起こりますが、書き言葉で起こる場合については、著者が意図しなかった間違い、または、強調的な修辞、あるいは劇的効果のための著者による意図的手段だといった、いくつかの説明が可能です。

πολλοὶ γὰρ τῶν ἐχόντων πνεύματα ἀκάθαρτα βοῶντα φωνῇ μεγάλῃ ἐξήρχοντο 「汚れた霊を持つ多くの人々は…霊たちは大声で叫びながら出て行った」（使 8:7）
動詞 ἐξήρχοντο の文法的主語は πολλοί ですが、意味上の主語は

πνεύματα です。

ἀπὸ δὲ τῶν δοκούντων εἶναί τι, ὁποῖοί ποτε ἦσαν οὐδέν μοι διαφέρει· πρόσωπον [ὁ] θεὸς ἀνθρώπου οὐ λαμβάνει ἐμοὶ γὰρ οἱ δοκοῦντες οὐδὲν προσανέθεντο 「そして、何者かとみなされている人たちからは ― 彼らが誰であれ、私には何でもないのです。神は人を分け隔てされません ― 実際に、主だった人たちは私に何も負わせませんでした」（ガラ 2:6）

## 3．重文（compound sentence）と複文（complex sentence）

　単文は独立した意味のまとまり（主語 + 述語）ですが、2つまたはそれ以上の単文がより大きな文を構成するとき「節」と呼ばれます。節は等位接続（coordination, *parataxis*）、従位接続（subordination, *hypotaxis*）のいずれかの方法で接続されます。2つまたはそれ以上の節が「等位接続詞」（例 καί）で接続されるときには重文を構成し、完全な文が等位的な配置で関連づけられ、緩やかに繋げられています。対照的に、1つの文が別の文と従位接続の形（例 ἵνα や ὥστε といった従位接続詞）で関連づけられているときには、複文を構成します。複文において従属節はそれ自体で独立することはできず、意味を伝達するために主節に従属しています。その結果、複文は（1）（独立している）主節と（2）何らかの従位接続の形で関連づけられた少なくとも1つの従属節で構成されます。これら2つのタイプがシンタックス上でどのように違うのかは、次に挙げる例に見いだされます。

重文

　ἦλθεν ὁ Ἰησοῦς καὶ ἔστη εἰς τὸ μέσον καὶ λέγει αὐτοῖς· εἰρήνη ὑμῖν 「イエスがやってきて、ただなかに立ち、『あなたたちに平安あれ』と言った」

（ヨハ 20:19）

　３つの単文が等位接続詞 καί で結ばれています。

## 複文

οὐ γὰρ ἀπέστειλεν ὁ θεὸς τὸν υἱὸν εἰς τὸν κόσμον ἵνα κρίνῃ τὸν κόσμον, ἀλλ᾽ ἵνα σωθῇ ὁ κόσμος δι᾽ αὐτοῦ「世界を裁くためではなく、彼を通して世界が救われるために、神は御子をこの世界に遣わした」（ヨハ 3:17）主たる行為の目的を表す２つの従属節が主文に続いています。

　等位接続と従位接続のいずれの文章スタイルも古典ギリシアの著作に見いだされます。重文の緩やかで等位的な配置は、話し言葉の平易なスタイルを模倣する著者の単純な語りに見いだされる傾向があります。対照的に、複文の形で従属節を使うことは、文学的著作の高尚なスタイルを特徴づけます。新約諸文書の多くは技巧的に発達したと言える散文レベルに達していません。福音書の簡素な語り（例えば、マルコ）は、単文と重文の等位的配列によって特徴づけられます。従属節の使用は、より文学的な著者たち（パウロ、ルカ、そして、ヘブライ人への手紙の著者）によって適用された従位的スタイルを際立たせます。福音書のプロローグを形成する、高いレベルに精錬された文（ルカ 1:1-4）は、ルカが高尚な文学スタイルで著作できる能力を示します。しかし、このフォーマルな導入部を除いて、多様な読者層に適した比較的平易な著作スタイルを用いることで、ルカは他の新約福音記者たちに合流します。

## ４．重文のシンタックス

　２つまたはそれ以上の単文が等位接続詞によって結ばれて等位並列に置か

れるとき、重文を構成します。詳細に言えば、等位接続詞には重文を構成する節の間の論理的なつながりを示すいくつかの種類があります。論理的関係には次のものが含まれます。

繋辞（copulative）：καί や δέ（そして）は、前文に更なる文を繋げる、あるいは、付加するために用いられます。

逆接（adversative）：ἀλλά（しかし、直接的対照）、δέ（しかし、一般的対照）、πλήν（とにかく）、μέν ... δέ（一方は…他方は）は、2 つの節を対照関係に置くために用いられます。

相関（correlative）：καί ... καί（も…も）、οὔτε [μήτε] ... οὔτε [μήτε]（も…もない）は 2 つの節を比較関係に置くために用いられます。

離接（disjunctive）：ἤ（または）、ἤ ... ἤ（か…か）は 2 つの節を相互排他的な選択肢へと位置づけるために用いられます。

推論（inferential）：ἄρα（そして）、διό、οὖν（それゆえ）は、前文の論理的結論を導くために用いられます。

原因（causal）：γάρ（〜のために）は先立つ節で陳述されていることの原因、または、論拠を説明する文を導入するために用いられます。


## 5．複文のシンタックス

　主節（つまり、単文）が何らかの従位接続の形で従属節と結ばれるとき、

複文が形成されます。従属節はいくつかの形で表わされます。


・分詞節
・不定詞節
・関係代名詞（ὅς, ἥ, ὅ）、関係形容詞（οἷος, οἵα, οἷο または ὅσος, ὅση, ὅσο）
　や関係副詞（ὅτε, ὅπου）で導かれる関係節
・従属接続詞で導かれる従属節（例 εἰ, ἐάν, ἐπεί, ὅτι, ἕως, ἵνα, ὥστε）


　従属節は、たいていの場合、主節の後に置かれますが、強調するために前
に置くこともできます。複文のシンタックス構造において、従属節は名詞的、
形容詞的、副詞的の３つの機能を果たします。


## ５．１．名詞的従属節

　従属節はある場合に名詞化されて（名詞節を作り）、文の中で名詞のよう
に機能します。名詞化された従属節は主動詞の主語あるいは目的語の働きを
します。次に挙げるのは、主動詞の主語として機能している例です。


　δότε κἀμοὶ τὴν ἐξουσίαν ταύτην ἵνα ᾧ ἐὰν ἐπιθῶ τὰς χεῖρας λαμβάνῃ
πνεῦμα ἅγιον 「私が手を置く誰もが聖霊を受けるように、私にもその
力をください」（使 8:19）


　ὅτι δὲ ἐν νόμῳ οὐδεὶς δικαιοῦται παρὰ τῷ θεῷ [ἐστιν] δῆλον 「誰も神の
前で義とされないことは明らかです」（ガラ 3:11）


　ὁ πιστεύων εἰς αὐτὸν οὐ κρίνεται 「彼を信じる者は裁かれない」（ヨハ

3:18)

φοβερὸν [ἐστιν] τὸ ἐμπεσεῖν εἰς χεῖρας θεοῦ ζῶντος 「<u>生ける神の御手</u>
<u>に落ちることは恐ろしい</u>」（ヘブ 10:31）

　次に挙げる例に見られるように、従属節は主動詞の直接目的語としても機
能します。

ἐπειδὴ φίλος μου παρεγένετο ἐξ ὁδοῦ πρός με καὶ οὐκ ἔχω <u>ὃ παραθήσω</u>
<u>αὐτῷ</u> 「旅の途上、私の友が私のところに着いたのに、<u>彼に出すもの</u>
<u>を私が持っていないので</u>」（ルカ 11:6）

<u>ὃ ἑώρακεν καὶ ἤκουσεν</u> τοῦτο μαρτυρεῖ 「<u>彼が見たことと聞いたことを</u>
彼は証ししている」（ヨハ 3:22）

βούλομαι οὖν <u>προσεύχεσθαι τοὺς ἄνδρας</u> ἐν παντὶ τόπῳ 「そして、<u>どん</u>
<u>な場所ででも男たちが祈ること</u>を私は望みます」（I テモ 2:8）

　話すことに関する動詞（または、聞くことや知ること）の後、従属節は動
詞の直接補語として機能し、話していること（聞いていること、知ること）
の内容を間接会話の形で表現します。

ἀκηκόαμεν γὰρ αὐτοῦ λέγοντος <u>ὅτι Ἰησοῦς ὁ Ναζωραῖος οὗτος καταλύσει</u>
<u>τὸν τόπον τοῦτον</u> 「<u>あのナザレのイエスがこの場所を破壊するだろう</u>
<u>と</u>彼が言っているのを、私たちは聞きました」（使 6:14）

ἀκούσας δὲ Ἰακὼβ ὄντα σιτία εἰς Αἴγυπτον ἐξαπέστειλεν τοὺς πατέρας ἡμῶν πρῶτον　「エジプトに食糧が<u>あると</u>ヤコブが聞いて、初めに私たちの父祖たちを遣わした」（使 7:12）

ἦλθον λέγουσαι καὶ ὀπτασίαν ἀγγέλων ἑωρακέναι, οἳ λέγουσιν αὐτὸν ζῆν　「[婦人たちが] 来て、『<u>彼は生きている</u>』と言う御使いたちの<u>示現を見た</u>と言った」（ルカ 24:23）

同様に、ὡς（また、ἵνα や ὅπως）で導かれた従属節は、「願望、望み、努めて行う」ことを意味する動詞の直接目的語の役割を果たしますが、次に挙げる例に見られるように、主動詞の行為者によって望まれるか、意図される対象を表します。

θέλω δὲ πάντας ὑμᾶς λαλεῖν γλώσσαις, μᾶλλον δὲ <u>ἵνα προφητεύητε</u>　「<u>あなたたちみなが異言を語ること</u>、むしろ<u>あなたたちが預言すること</u>をより私は望みます」（I コリ 14:5）

ἀπ᾽ ἐκείνης οὖν τῆς ἡμέρας ἐβουλεύσαντο <u>ἵνα ἀποκτείνωσιν αὐτόν</u>　「そして、この日から<u>彼らは彼を殺そう</u>と相談した」（ヨハ 11:53）

最後に、「恐れ」を意味する動詞の後に μή で導かれた従属節は恐れの対象を表します。未来に起こるだろうが望まれない出来事（μή ＋ 接続法動詞）、過去に起こったか、現在起こっている現実であっても望まれない出来事（μή ＋ 直説法動詞）についてです。

φοβούμενοί τε <u>μή που κατὰ τραχεῖς τόπους ἐκπέσωμεν</u>, ἐκ πρύμνης

ῥίψαντες ἀγκύρας τέσσαρας ηὔχοντο ἡμέραν γενέσθαι　「私たちが暗礁
に乗り上げたりはしないだろうかと恐れ、彼らは４つの錨を艫から投げ
降ろし、夜明けが来るのを待っていた」（使 27:29）

φοβοῦμαι ὑμᾶς μή πως εἰκῇ κεκοπίακα εἰς ὑμᾶς　「私があなたたちのた
めに無駄に骨折りをしたのではないかと恐れます」（ガラ 4:11）

## ５．２．形容詞節

　従属節はそれが結びつく名詞を定義したり修飾したりする形容詞としても
機能します。この形容詞的用法は関係節（関係代名詞で導かれる）、分詞の
限定用法、補足（説明）的不定詞に見いだされます。

ὁ θεὸς τῶν πατέρων ἡμῶν ἤγειρεν Ἰησοῦν ὃν ὑμεῖς διεχειρίσασθε
κρεμάσαντες ἐπὶ ξύλου　「私たちの父祖たちの神は、あなたたちが木に
かけて殺したイエスを立ち上がらせました」（使 5:30）

οὗτός ἐστιν ὁ λίθος, ὁ ἐξουθενηθεὶς ὑφ᾽ ὑμῶν τῶν οἰκοδόμων, ὁ
γενόμενος εἰς κεφαλὴν γωνίας　「この方は、あなたたち建築者たちに捨
てられ、隅の親石になった石です」（使 4:11）

τοῦτο γάρ ἐστιν θέλημα τοῦ θεοῦ, ὁ ἁγιασμὸς ὑμῶν, ἀπέχεσθαι ὑμᾶς ἀπὸ
τῆς πορνείας　「これが神の意志です。あなたたちの聖化、つまり、あ
なたたちが私通を慎むこと［です］」（Ⅰ テサ 4:3）

## 5.3. 副詞節

　副詞が動詞を修飾するように、従属節は副詞的に主節を修飾することもできます。副詞節は不定詞、状況を表す分詞、（従属接続詞で導かれる）接続詞節で表されます。時の状況、目的、結果、原因、条件、比較といった副詞的関係を示しつつ主節を修飾します。

時の状況：分詞や、従属節の行為と主節の行為の間の時間的な関係を示す接続詞で導かれた接続詞節で、副詞節は時の状況を表します。ὅτε, ὁπότε（「～ときに、～間に」、同時的行為）、ἐπεί, ἐπειδή（「～後に」、先時的行為）、ἕως, μέχρι（「～までに」、後時的行為）。新約諸文書で時の従属節が多く使用されるのは、כְּדִי や כַּד で導かれる時を表す節を好むアラマイ語の影響だと考えられます。

目的：従属節は主動詞の行為者（つまり、主語）によって意図された目的を表わすことができます。次に挙げる3つのいずれかの方法で目的節は形成されます。(1) 接続法動詞と ἵνα や ὅπως で導かれる接続詞節、(2) 不定詞節（不定詞、あるいは、εἰς か冗語法的 τοῦ を伴った不定詞）、(3) 未来（あるいは現在）分詞

結果：従属節は主節で述べられたことの結果や帰結を表すことができます。直説法の定形動詞あるいは不定詞を伴った ὥστε（「その結果～」）でしばしば導かれます。

原因：従属節は主節で述べられたことの原因を表すことができます。状況を表す分詞、ὅτι, διότι, ἐπεί ἐπειδή, ὡς といった原因関係を表す従属接続詞で導かれる接続詞節をとります。

条件：条件文で、帰結説は条件が成就した場合に起こりうる結果（Bである）を述べる主節ですが、ἐάν や εἰ で導かれる条件節は想定や仮定されたこと（もしAなら）を表す従属節です。条件文の詳しい議論は8章を参照ください。

比較：従属節は主節の中の比較される行為（または状態）と比較して、行為（または状態）の量的、あるいは質的評価を表します。従属節の比較機能は、ὡς（「〜のように」）、または ὥσπερ, καθώς, καθάπερ（「ちょうど〜のように」。呼応する οὕτως がしばしば主節にあります）といった従属接続詞で表されます。

# 第2章　格の用法

さらなる学習のために：

ABEL, *Grammaire*, 165-203; BAUMERT, N., *Der Dativ bei Paulus. Ein syntaktische Studie mit neuen Interpretationen* (Estudios de filología neotestamentaria 7; Córdoba, 2005); BDF §§ 143-202; CIGNELLI, L. – PIERRI, R., *Sintassi di greco biblico (LXX e NT) 1.1 Sintassi del caso. Le concordanze* (ASBF 61; Jerusalem 2003); CRESPO, E., "The Sematic and Syntactical Functions of the Accusative," *In the Footsteps of Raphael Kühner* (eds. A. RIJKSBARON – H.A. MULDER – C. WAKKER; Amsterdam 1986) 99-120; HOFFMANN – SIEBENTHAL, *Grammatik*, §§ 146-182; HUMBERT, *Syntaxe*, 247-297; MOORHOUSE, A.C., "The Role of the Accusative Case," *In the Footsteps of Raphael Kühner* (eds. A. RIJKSBARON – H.A. MULDER – C. WAKKER; Amsterdam 1986) 209-218; MOULE, *Idiom-Book*, 30-47; MOULTON, *Prolegomena*, 57-76; MOULTON – TURNER, *Syntax*, 206-221, 230-251; ROBERTSON, *Grammar*, 446-543; SCHWYZER, *Grammatik*, 52-173; SMYTH, *Grammar*, §§ 1279-1635; WALLACE, *Grammar*, 31-205; WONG, S. SEK-MUK, *The Classification of Semantic Case-Relations in the Pauline Epistles* (Studies in Biblical Greek 9; New York 1997); YOUNG, *Intermediate*, 9-54; ZERWICK, *Biblical Greek*, §§ 25-74.

## 1．総論的導入

　ギリシア語の各名詞は2つの部分に分けられます。それは、基本的なアイ

デアを伝える語幹と、数（単数、双数、複数）、性（男性、女性、中世）、格（主格、属格、与格、対格、呼格）の情報を示す語尾です。語尾の変化を語の曲用（inflection）と呼びますが、名詞、形容詞（分詞を含む）、代名詞の曲用を語形変化（declension）、動詞の曲用を活用（conjugation）と呼びます。

　語尾で示される名詞の格は、文の他の要素との文法的関係を決定します。現代英語は語順や前置詞を使って文法的関連を示しますが、ギリシア語では曲用が、文のシンタックスにおいてそれぞれの語が文法的に果たす機能を第一に示します。

　ギリシア語名詞は主格（nominative）、属格（genitive）、与格（dative）、対格（accusative）、呼格（vocative）の５つの格を持っています。格はその格を持つ名詞を、文の中の他の語と特定の関係へと位置づけます。ギリシア語と英語の両者がそこから発展してきたところの印欧祖語には、もともと８つの格がありました。時間を経て、印欧祖語が元来持っていた８つの格のうち、ギリシア語は３つの格を失いましたが、失った３つの格（具格、処格、奪格）の機能を残った５つの格へと再配分しました。失われた具格（instrumental）と処格（locative）のシンタックス上の機能は与格に、失われた奪格（ablative）の機能は属格に吸収されました。そのためギリシア語の属格と与格は格として複雑あるいは混合的です。

　ギリシア語の格は主に２つに分類されます。(1) 主格と呼格という主語に関する格、(2) 対格と与格という述語に関する格です。属格は主語と述語の両者を限定するために用いられます。


## ギリシア語の格のまとめ

主格：(1) 定形動詞の主語、または、(2) εἶναι や γίνεσθαι といった「連結動詞」の述語を表します。

属格：「～の」（所有）や「～からの」（分離）といった関係を表します。

与格：動詞の間接補語（「～に、～のために」）、方法・手段（「～で、～でもって」）や、場所（「～の上で、～の中で、～で」）を表します。

対格：主に動詞の直接補語を表しますが、行為の方向や、空間や時間の範囲を表すためにも用いられます。

呼格：発話者によって直接に話しかけられた人（単数・複数）を表します。

## ２．主格の用法

### ２．１．主語としての主格
　主格は定形動詞の主語を表す格です。主格は文の主たるトピックを示し、主動詞が表現する行為のシンタックス上の主語とほぼ一致します。

### ２．２．述語としての主格
　連結動詞（例：εἶναι や γίνεσθαι）が使われる名詞文では、述語である名詞は主格をとります。名詞文は位置を交換することができます（A=B、B=A）。しかし、多くの場合、名詞文は部分命題を表していて、述語名詞は主語が属するところのより大きな類を示しています。例：「十字架の言葉は愚かなことだ」（I コリ 1:18）

## ２．３．懸垂（pendent）主格

後に続く、文の動詞の主語ではない人、または、ものを、主なトピックとして示しており、未決定（宙吊り）な状態の主格名詞です。破格構文（文のシンタックスが壊れている）の１タイプですが、セム語族ではかなり一般的です。

ὁ γὰρ Μωϋσῆς οὗτος, ὃς ἐξήγαγεν ἡμᾶς ἐκ γῆς Αἰγύπτου, οὐκ οἴδαμεν τί γέγονεν αὐτω 「というのは、私たちをエジプトから導き出したあのモーセは、私たちは彼に何が起こったかを知らない」（使 7:40）

同様に、懸垂主格はマタ 1:1、マコ 1:1 や黙 1:1 のように、シンタックス上、文の一部を構成しない「タイトル」や「見出し」を表すために使われます。

## ２．４．同格の主格

冠詞を伴った主格名詞は呼格の同格として、あるいは呼格の代わりとしてしばしば用いられます。

καὶ ἔλεγεν, Ἀββᾶ, ὁ πατήρ, πάντα δυνατά σοι 「そして、彼は言った、『アッバ、父よ、すべてのことはあなたにとって可能です」（マコ 14:36。ロマ 8:15 参照）

## ３．属格の用法

属格（genitive）という名称は casus genitives（起源を示す格）に由来しま

すが、このラテン語は ἡ γενικὴ πτῶσις（類やタイプを示す格）の訳語です。属格の最も一般的な用法は名詞、形容詞、副詞を限定（または規定する）ことであり、動詞の意味を限定する属格はより少ないと言えます。ギリシア語の属格は複合的で、(1) 属格に固有な機能と、(2)（失われた）奪格の機能を含みます。

### 3.1. 名詞に伴う属格（形容詞的属格 adnominal genitive）

　属格の最も知られた用法は、その属格が従属する名詞（支配する名詞 *nomen regens*）の意味を限定することです。属格のこの機能は形容詞の機能に似ています。特定の種や類を指し示すことや、より大きな全体の一部を示すことで、属格は支配する名詞の範囲を限定します。

### 3.1.1. 所有の属格（genitive of possession）

　その持ち主や所有者を示すことによって支配する名詞を規定します。

　　πάντα ὑμῶν ἐστιν, ὑμεῖς δὲ χριστοῦ, χριστὸς δὲ θεοῦ 「すべてのものはあなたたちのものであり、あなたたちはキリストのもの、キリストは神のものです」（I コリ 3:22-23）

### 3.1.2. 起源（と関係）の属格（genitive of origin [and relationship]）

　その源泉や起源を限定したり、それが属する人や類を示したりすることによって支配する名詞を規定します。

τὸν φωτισμὸν τοῦ εὐαγγελίου 「福音（から）の光を」（II コリ 4:4）

οἱ υἱοὶ τοῦ αἰῶνος τούτου φρονιμώτεροι ὑπὲρ τοὺς υἱοὺς τοῦ φωτὸς 「この世の子たちは光の子たちよりも賢い」（ルカ 16:8）

### 3.1.3. 部分の属格（partitive genitive）

支配する名詞がその部分である、より大きな全体を示すために、この属格は用いられます。新約聖書ギリシア語では、この部分の属格をより明確に示すために、属格を伴う前置詞 ἐκ と ἀπό を使う傾向があります。

τινες τῶν γραμματέων εἶπον, Οὗτος βλασφημεῖ 「律法学者たちのある者たちは言った、『この人は冒瀆している』」（マタ 9:3）

### 3.1.4. 性質の属格（genitive of quality）

支配する名詞の属性や性質を表すために用いられます。属格のこの機能は単純な形容詞の機能に近いと言えます。同様の用法はヘブライ語によく見られるため、性質の属格はヘブライ語的属格（Hebrew genitive）とも呼ばれます。

καὶ πάντες ἐμαρτύρουν αὐτῷ καὶ ἐθαύμαζον ἐπὶ τοῖς λόγοις τῆς χάριτος τοῖς ἐκπορευομένοις ἐκ τοῦ στόματος αὐτοῦ 「そして、すべての人は彼について良く言い、彼の口から出る恵みの（恵み深い）言葉に驚いていた」（ルカ 4:22）

Ποιήσατε ἑαυτοῖς φίλους ἐκ τοῦ μαμωνᾶ <u>τῆς ἀδικίας</u>　「あなたたちは、あなたたちのために、<u>不正の（不当な）</u>マンモンから友だちを作りなさい」（ルカ 16:9）

### 3.1.5. 内容の属格（genitive of content）（説明の属格あるいは同格の属格 epexegetical or appositional genitive）

支配する名詞の内容を特定し、意味を説明するために用いられます。

καὶ σημεῖον ἔλαβεν <u>περιτομῆς</u>　「そして、彼は<u>割礼の</u>しるしを受けた」（ロマ 4:11）

ὁ δοὺς ἡμῖν τὸν ἀρραβῶνα <u>τοῦ πνεύματος</u>　「私たちに<u>霊の</u>保証を与えた方は」（II コリ 5:5）

### 3.1.6. 主語的属格と目的語的属格（subjective and objective quality）

支配する名詞が（名詞化された行為を表す）「動詞的な名詞」であるとき、直近の属格の名詞は支配する名詞によって表される行為の主語または目的語を表します。

ἡ γὰρ ἀγάπη <u>τοῦ χριστοῦ</u> συνέχει ἡμᾶς　「なぜなら、<u>キリストの</u>愛が私たちを制御するからです」（II コリ 5:14）

τὸ μαρτύριον <u>τῆς συνειδήσεως ἡμῶν</u>　「<u>私たちの良心の</u>証が」（II コリ 1:12）

ἀπεδίδουν τὸ μαρτύριον οἱ ἀπόστολοι <u>τῆς ἀναστάσεως</u> τοῦ κυρίου Ἰησοῦ
「使徒たちは主イエスの<u>復活の（復活についての）</u>証をしていた」（使
4:33）

τὸ εὐαγγέλιον <u>τῆς βασιλείας</u>　「王国の（王国についての）福音を」（マ
タ 4:23）

## 3.2. 動詞に伴う属格（副詞的属格）

　属格の名詞が支配する名詞に従属せず、直近の動詞の補語、あるいは、動詞が意味する行為の二次的限定または特定として機能するとき、その属格は副詞的属格と呼ばれます。この機能のうちのあるものは失われた奪格から引き継がれたものですが、他のものは属格に固有のものです。

## 3.2.1. 部分の属格（partitive genitive）

　行為が目的語の一部にしか影響しないとき、動詞の直接補語を表します。

　・「〜の一部分を取る、受け取る」を意味する動詞（例 μεταλαμβάνειν, μετέχειν）を伴うとき、属格形の補語は大きな全体の中で受け取る部分を表します。
　・「〜に触れる」（例 ἅπτεσθαι）や「〜をつかむ、握る」（例 κράτειν, ἐπιλαμβάνεσθαι）を意味する動詞を伴うとき、属格形の補語は触れたり、握ったりする人やものの一部分を表します。
　・「〜を意図する、切望する、望む」（例 ἐπιθύμειν, ὀρέγεσθαι）や「〜に届

く、手に入れる」（例 τυγχάνειν）を意味する動詞を伴うとき、属格形の補語
は望まれたり、達成されたりした目的を表します。

・動詞 ἀκούειν を伴うとき、属格形の補語は聞かれた言葉を発した人を表
します。

### 3.2.2. 充満の属格 （genitive of fulness）

「～で満たす」（例 πληροῦν, πιμπλάναι）を意味する動詞を伴うとき、属格
はある人やあるものを満たす材料を表します。

πεπληρώκατε τὴν Ἰερουσαλὴμ τῆς διδαχῆς ὑμῶν 「あなたたちは、あ
なたたちの教えでエルサレムを満たしてしまった」（使 5:28）

### 3.2.3. 価格の属格 （genitive of price）

「～を買う」（例 κτᾶσθαι, ἀγοράζειν）や「～を売る」（例 πωλεῖν,
ἀποδίδεσθαι）を意味する動詞を伴うとき、属格は購入されるものの価値や
価格を表します。

τοσούτου τὸ χωρίον ἀπέδοσθε; 「あなたたちは、これこれの値段で売っ
たのか」（使 5:8）

### 3.3. 属格の奪格的用法

### 3.3.1. 時の属格 （～以内で）

その間にある出来事が起こった、起こっている、起こるであろう時間の長さを表します。

> προσεύχεσθε δὲ ἵνα μὴ γένηται ἡ φυγὴ ὑμῶν χειμῶνος μηδὲ σαββάτῳ
> 「あなたたちは、あなたたちの逃避が冬にも安息日にも起こらないように祈りなさい」（マタ 24:20）

## 3.3.2. 比較の属格

ἤ を使った構文の他に、比較対象の人やものが属格をとりつつ比較を表します。

> περισσότερον αὐτῶν πάντων ἐκοπίασα 「私は彼ら全てよりも多く労苦した」（I コリ 15:10）

## 3.4. 独立属格（the genitive absolute）

無冠詞の分詞、名詞や代名詞（そして、他の修飾語）から構成される属格をとった句が、文の他の部分と文法的繋がりをもたず、ある人やものについての状況を表します。この用法は独立属格と呼ばれます。「独立」という語は、独立属格中の名詞や代名詞が文中の他の語と直接の文法的関係を持っていないことを表します。独立属格はたいてい文の初めに置かれます。

状況的分詞のように、独立属格は主動詞に対して、時、原因や譲歩の関係を持ちます。分詞か主動詞に伴う副詞や他の語は、この関連をより明らかにします。また、次の例に見られるように、文脈は意図された意味を決定する

のを助けます。

> κρατοῦντος δὲ αὐτοῦ τὸν Πέτρον καὶ τὸν Ἰωάννην, συνέδραμεν πᾶς ὁ λαὸς πρὸς αὐτούς 「彼がペトロとヨハネにつきまとっていると（時間的状況）、民はみな、彼らの方に走り集まった」（使 3:11）

> γενομένης δὲ τῆς φωνῆς ταύτης, συνῆλθεν τὸ πλῆθος 「この物音が生じたので（原因的状況）、大勢の人が集まってきた」（使 2:6a）

　ヘレニズム・ギリシア語（新約聖書ギリシア語を含む）では、独立属格はしばしば誤って文の他の語と文法的関係を持った状況を述べるときに用いられます。独立属格中の名詞や代名詞が、文の主動詞の主語や目的語として再び現れるときに、このことは起こります。独立属格のこの変則的な用法は、次に挙げる例に見いだせます。

> λαλούντων δὲ αὐτῶν πρὸς τὸν λαόν, ἐπέστησαν αὐτοῖς οἱ ἱερεῖς 「彼らが民に話していると、祭司たちが彼らに近づいてきた」（使 4:1）

> ταῦτα αὐτοῦ λαλοῦντος πολλοὶ ἐπίστευσαν εἰς αὐτόν 「彼がこれらのことを話したとき、多くの人々が彼を信じた」（ヨハ 8:30）

## ４．与格の用法

　与格（dative）という名称は *casus dativus*（ἡ δοτικὴ πτῶσις）に由来しますが、動詞 διδόναι に伴う間接補語としての与格の用法がよく知られているからでしょう。対格のように、与格はその主たる機能が動詞、あるいは、文

の全体によって表される行為を限定し、または、特定するという副詞的な格
です。しかし、ギリシア語の与格は、失われた 2 つの格の機能を吸収してい
るので複合的な格です。このため与格は 3 つの基本的機能を持ちます。(1)
動詞の間接補語を表す、(2) 行為がどのように行われたかを表す（具格）、(3)
行為がどこで、そして・または、いつ行われたかを表す（処格）。

## 4.1.　与格の固有的用法

　（固有的な）与格の主たる機能は動詞、または、文全体で表される行為によっ
て間接的に影響される人やものを示すことです。

### 4.1.1.　間接補語の与格（dative of indirect complement）

　動詞の行為によって間接的、あるいは、遠隔的に影響される人やものを表
します。

> τὰ κτήματα καὶ τὰς ὑπάρξεις ἐπίπρασκον, καὶ διεμέριζον αὐτὰ <u>πᾶσιν</u>
> 「彼らは財産や所有物を売り、それを<u>みなに</u>分けていた」（使 2:45）

### 4.1.2.　利害の与格（dative of interest）

　文が描く行為によって、影響を受ける利益を持つ人、または、ものを表し
ます。人やものが利益を受けるときは利益の与格（dative of advantage）、人
やものが害を受けるときは不利益の与格（dative of disadvantage）と呼びま
す。

καὶ πάντες ἐμαρτύρουν αὐτῷ, καὶ ἐθαύμαζον ἐπὶ τοῖς λόγοις τῆς χάριτος 「そして、みなは彼を良く言い、その恵み深い言葉に驚いていた」（ルカ 4:22）

μαρτυρεῖτε ἑαυτοῖς ὅτι υἱοί ἐστε τῶν φονευσάντων τοὺς προφήτας 「あなたたちが預言者たちを殺した者たちの子たちであると、あなたたちは自らのために証ししている」（マタ 23:31）

### 4.1.3. 所有の与格（dative of possession）

εἶναι, γίνεσθαι, ὑπάρχειν などを使った文で、存在すると言われているところのあるものの所有者を表します。所有の与格は所有の対象物を強調しますが、所有の属格は所有者を強調します。

εἶπεν δὲ Πέτρος, Ἀργύριον καὶ χρυσίον οὐχ ὑπάρχει μοι 「そして、ペトロは言った、『銀や金を私は持っていない（直訳：銀や金は私にはない）』」（使 3:6）

### 4.1.4. いくつかの動詞の直接補語となる与格

次に挙げるようないくつかの動詞の行為によって、直接影響される人やものを表します。「～に従う（ἀκολουθεῖν）」、「～に近づく（ἐγγίζειν）」、「～に加わる、～と交わる（κολλᾶσθαι）」、「～と会話する（ὁμιλεῖν, διαλέγεσθαι, διαλλάσσεσθαι）」、「～のようだ（ὁμοιοῦν）」。また、一般的ルールとして、複合動詞の直接補語は与格で表されます。

## 4．2．具格的与格（instrumental dative）

### 4．2．1．手段の与格（dative of means）
それによってある行為がなされる手段や道具を表します。

καὶ συνάξει τὸν σῖτον αὐτοῦ εἰς τὴν ἀποθήκην, τὸ δὲ ἄχυρον κατακαύσει <u>πυρὶ ἀσβέστῳ</u> 「そして、彼はその麦を倉庫へと集め、殻を<u>消えることのない火で</u>焼くだろう」（マタ 3:12）

### 4．2．2．方法の与格（dative of manner）
ある行為が起こり、または、ある状態が生じる仕方（方法）を表します。

πᾶσα δὲ γυνὴ προσευχομένη ἢ προφητεύουσα <u>ἀκατακαλύπτῳ τῇ κεφαλῇ</u> καταισχύνει τὴν κεφαλὴν ἑαυτῆς 「<u>頭に被り物をせずに</u>祈り、または、預言する女性は彼女の頭を辱めています」（I コリ 11:5）

### 4．2．3．原因の与格（dative of cause）
ある行為や状態の原因や理由を表します。

<u>τῇ ἀπιστίᾳ</u> ἐξεκλάσθησαν, σὺ δὲ <u>τῇ πίστει</u> ἕστηκας 「彼らは<u>不信仰のために</u>折り取られましたが、あなたは<u>信仰の故に</u>立っています」（ロマ 11:20）

## 4．2．4．関係の与格（dative of respect）

あることがそこで真実であるところの、その関係を表します（古典ギリシア語では関係の対格が好まれました）。

Μακάριοι οἱ πτωχοὶ τῷ πνεύματι 「幸いなるかな、霊において貧しき者たち」（マタ 5:3）

γυνὴ δέ τις ὀνόματι Μάρθα ὑπεδέξατο αὐτόν εἰς τὸν οἶκον αὐτῆς 「ある女が、名に関してマルタだが、彼を彼女の家に迎え入れた」（ルカ 10:38）

## 4．3．処格的与格（locative dative）

## 4．3．1．場所の与格（dative of place where）

あることが行われた場所を表します。新約聖書では ἐν ＋ 与格で表されるのがより一般的です。

τοῦτον ὁ θεὸς ἀρχηγὸν καὶ σωτῆρα ὕψωσεν τῇ δεξιᾷ αὐτοῦ 「導き手、そして、救い主として神はこの人をその右に上げた」（使 5:31）

## 4．3．2．時の与格（dative of time when）

ある出来事が起こったその時を表します。

καὶ ὅτι ἐτάφη· καὶ ὅτι ἐγήγερται τῇ τρίτῃ ἡμέρᾳ κατὰ τὰς γραφὰς 「そし

て、彼が葬られたこと、聖書に従って第3の日に起こされたこと」(I
コリ 15:4)

## 5．対格の用法

　対格（accusative）という名称は *casus accusativus* に由来します。これは
効果格（*casus effectivus*）と訳すべき ἡ αἰτιατικὴ πτῶσις というギリシア語
のラテン語訳ですが、訳語として問題があります。対格は、動作の範囲（あ
るいは射程）、方向や目的を特定することで、動詞の行為の効果を限定する
機能を第一に持つ副詞的な格です。動詞の直接補語はこのケースにあたりま
す。それは、最も直接的に（この点で与格的補語と対照的）、そして、最も
完全に（この点で属格的補語と対照的）影響される人やものが直接補語だか
らです。

### 5．1．直接補語としての対格

　動詞の直接目的語を表すために用いられます。つまり、動詞によって表現
される行為の効果を外的客語(external object)（人またはもの）に限定します。

　ἐκπορεύσονται οἱ τὰ ἀγαθὰ ποιήσαντες εἰς ἀνάστασιν ζωῆς· οἱ δὲ τὰ
　φαῦλα πράξαντες εἰς ἀνάστασιν κρίσεως　「善を行った者たちはいのち
　の復活へと、悪を行った者たちは裁きのための復活へと出てくるであろ
　う」(ヨハ 5:29)

## 5.2. 同根の対格（cognate accusative）

　動詞によって表現される行為の効果を内的客語（internal object）に限定するために用いられます。このケースでは、対格の名詞は形式的あるいは意味的に動詞に関連しています（ヘブライ語の独立不定詞の用法を参照してください）。

　　ἰδόντες δὲ τὸν ἀστέρα, ἐχάρησαν χαρὰν μεγάλην σφόδρα　「その星を見て、彼らは大いなる喜びを（で）非常に喜んだ」（マタ 2:10）

　　καὶ ἐφοβήθησαν φόβον μέγαν, καὶ ἔλεγον πρὸς ἀλλήλους, Τίς ἄρα οὗτός ἐστιν　「そして、彼らは大いなる恐れを（で）恐れ、そして互いに言った、『この人は一体誰なのか』」（マコ 4:41）

## 5.3. 二重対格（double accusative）

　行為に含まれる2つの外的目的語を表すために、特定の動詞と共に用いられます。(1) 行為に影響される人、(2) 行為の対象。

　　ἐκεῖνος ὑμᾶς διδάξει πάντα　「その人はあなたたちを（に）、すべてのことを教えるだろう」（ヨハ 14:26）

　　γάλα ὑμᾶς ἐπότισα, καὶ οὐ βρῶμα　「私はあなたたちを（に）、乳を飲ませたが、固い食物をではなかった」（Ⅰコリ 3:2）

　　二重対格を取る動詞が受動態で使われるときには、動詞の行為の対象を表す対格が保たれますが、それを保留対格（retained accusative）と呼びます。

οὗτος ἦν κατηχημένος τὴν ὁδὸν τοῦ κυρίου　「彼は主の<u>道</u>を教えていた」
（使 18:25）

καὶ πάντες ἓν πνεῦμα ἐποτίσθημεν　「そして、私たち全ては<u>1 つの霊</u>を
飲ませられた」（I コリ 12:13）

## 5.4.　関係の対格（accusative of respect）（副詞的対格 , adverbial accusative）

そこにおいてあるものが存在し、あるいは、それが真実である関係を限定
し、あるいは、規定するために用いられます。

ἀνέπεσαν οὖν οἱ ἄνδρες τὸν ἀριθμὸν ὡσεὶ πεντακισχίλιοι　「そして、<u>数
において</u>5000 人ほどの人々が横たわった」（ヨハ 6:10）

## 5.5.　範囲の対格（accusative of extent）

そこにおいて動詞の行為が起こる空間の範囲（どのくらいまで）や時間の
範囲（どれくらいの間）を示すために用いられます。

δύο ἐξ αὐτῶν ἦσαν πορευόμενοι ἐν αὐτῇ τῇ ἡμέρᾳ εἰς κώμην ἀπέχουσαν
<u>σταδίους ἑξήκοντα</u> ἀπὸ Ἰερουσαλήμ, ᾗ ὄνομα Ἐμμαοῦς　「彼らのうちの
2 人が、エルサレムから<u>60 スタディオン</u>離れたエンマウスという名の
村へと向かっていた」（ルカ 24:13）

καὶ ἐκεῖ ἔμειναν οὐ <u>πολλὰς ἡμέρας</u> 「そして、彼らはそこに<u>多く</u>ではな<u>い日々</u>留まった」（ヨハ 2:12）

# 第3章　動詞の時称と法

さらなる学習のために：

ABEL, *Grammaire*, 249-268; BDF §§ 319-337, 340-356, 357-387; CAMPBELL, C.R., *Verbal Aspect, the Indicative Mood, and Narrative* (Studies in Biblical Greek 13; New York 2007); IDEM, *Verbal Aspect and Non-Indicative Verbs. Further Soundings in the Greek of the New testament* (Studies in Biblical Greek 15; New York 2008); DECKER, R.J., *Temporal Deixis of the Greek Verb in the Gospel of Mark with Reference to Verbal Aspect* (Studies in Biblical Greek 10; New York 2001); FANNING, B.M., *Verbal Aspect in the New Testament Greek* (Oxford 1990); GOODWIN, W.W., *Syntax of the Moods and Tense of the Greek Verb* (Boston 1890); HOFFMANN – SIEBENTHAL, *Grammatik*, §§ 192-212; HUFFMAN, D.S., *Verbal Aspect Theory and Prohibitions in the Greek New Testament* (Studies in Biblical Greek 16; New York 2014); HUMBERT, *Syntaxe*, 110-246; MCKAY, K.L., *A New Syntax of the Verb in the Greek New Testament. An Aspectual Approach* (Studies in Biblical Greek 5; New York 1994); MOULE, *Idiom-Book*, 5-19, 20-23, 135-137; MOULTON, *Prolegomena*, 108-201; MOULTON – TURNER, *Syntax*, 60-89, 90-117, 118-133; PORTER, *Idioms*, 20-61, 220-229; IDEM, *Verbal Aspect in the Greek of the New Testament, with Reference to Tense and Mood* (Studies in Biblical Greek 1; New York 1989); RICO, C., "L'aspect verbal dans le Noueau Testament. Ers une Définition", *RB* 112 (2005) 385-416, ROBERTSON, *Grammar*, 821-1049; SCHWYZER, *Grammatik*, 246-354; SMYTH, *Grammar*, §§ 1759-1849, 1850-1965; WALLACE, *Grammar*, 442-586, 713-725;

Young, *Intermediate*, 105-146; Zerwick, *Biblical Greek*, §§ 240-291, 295-358.

## 1．総論的導入

### 1．1．動詞の法

　ギリシア語の動詞は直説法、接続法、希求法と命令法の４つの異なる法で活用されます。発話者は法の選択によって動詞の行為・状態を現実性または可能性として提示します。直説法は発話者が動詞の行為・状態を確かなこととして表すために用いる断定の法です[1]。対象的に、間接的な法は動詞の行為・状態の不確かさを表すために用いられます。つまり、接続法は蓋然的な、希求法は可能な、命令法は意図された、そして・あるいは、望まれた何事かを表します。

### 1．2．動詞の時称

　ギリシア語動詞は直接法において６つの時称で活用されます。

　　現在
　　未来
　　アオリスト（ἀόριστος χρόνος［不確定な時］）
　　未完了（*imperfectus*［完成していない、または、完了していない］）
　　完了（*perfectus*［完成した、または、完了した］）
　　過去完了

---

　1)　譬え話のような偽りの主張や虚構の話の中で用いられますので、直説法を事実あるいは現実の法とみなすことは正確ではありません。

　それぞれの時称の第一義的機能は、その行為が発話者によってどのように見られたかを表すことです。直説法においてのみ時称は現在、過去、あるいは、未来といった行為の時間も指し示します。

　動詞のアスペクトは、発話者によってある行為がどのように見られたのか、その見られ方を表します。

・進行状態の行為として
・１度だけ起こったこととして
・過去における完了した行為の継続的結果として

ギリシア語の動詞システムで、時称はその行為がどのように見られたかを示します。

・現在時称：ある現在の行為が進行状態にある（進行アスペクト
　［progressive aspect］）
・未完了時称：ある過去の行為が進行状態にある（進行アスペクト
　［progressive aspect］）
・未来時称：未来に起こること（不確定アスペクト［aspect undefined］）
・アオリスト時称：１度起こること（単純アスペクト［simple aspect］）
・完了時称：過去に完了した行為の結果としての現在の状態・ありさま
　（完了アスペクト［completed aspect］）
・過去完了時称：先んじた過去に起こった完了した行為の結果としての
　過去の状態・ありさま（完了アスペクト［completed aspect］）

　もちろん、時称の選択は抽象的にではなく、具体的な発言の一部、そして、特定のコミュニケーションの文脈で行われます。そのため、動詞の時称の意味は動詞の辞書的意味、その動詞が用いられる文法的構造、そして、その他文脈のしるしとなるものといった言語上の要素によってしばしば影響されます。このような言語的諸要素は、特定の形をとった動詞について、その時称の影響された（文脈化された）意味を確定するときに、考慮しなければなりません。

## １．３．絶対的な時（absolute time）と相対的な時（relative time）

　時称は、現在と未来の時を表す本時称（primary tense）（現在、未来、完了）と、過去の時を表す副時称（secondary tense）（未完了、過去完了、アオリスト）に分けられます。同時に、ある動詞の時称で表される時について語る時には、絶対的な時と相対的な時を区別しなければなりません。ある文中で直説法をとる主動詞の時称は、絶対的に見られた行為を表します。つまり、発話者の時間の枠組みの中で（発話行為時において）見られています。以下の例を考察してください。

　　ὁ θεὸς σῴζει　　「神が救う」
　　ὁ θεὸς ἔσωσεν　　「神が救った」
　　ὁ θεὸς σώσει　　「神は救うだろう」

　第１の例で、現在時称は、その陳述がなされるその時に救済行為が起こっていることを表しています。第２の例で、アオリスト時称は、その陳述がなされる以前に救済行為が起こったことを表しています。そして、第３の例で、未来時称は、その陳述がなされた後に救済行為が起こるであろうことを

表しています。

　他方、不定詞と分詞の場合には、時称は相対的な時を表します（つまり、主動詞で表現された行為の絶対的な時との関係で）。不定詞と分詞の現在時称は主動詞の行為と同時の行為を表します。アオリスト時称は主動詞の行為より以前の行為を（一般的に）表します。未来時称は主動詞の後の行為を表します。以下の例を考察してください。

| | |
|---|---|
| λέγουσιν τὸν θεὸν σῴζειν | 「彼らは、神が救う、と言う」 |
| λέγουσιν τὸν θεὸν σῶσαι | 「彼らは、神が救った、と言う」 |
| ἔλεγον τὸν θεὸν σῴζειν | 「彼らは、神が救っている、と言った」 |
| ἔλεγον τὸν θεὸν σῶσαι | 「彼らは、神が救った、と言った」 |

## ２．直説法における時称

### ２.１．現在時称

#### ２.１.１.　一般的用法

　進行的（進行アスペクト progressive aspect）、あるいは、繰り返して起こること（反復アスペクト repeated aspect）として見られる、現在の行為を表します。

#### ２.１.２.　歴史的現在（historical present）

　語り手が自らを証人として提示する鮮明な語りの中で、直説法現在は直説法アオリストの代わりに使うことができます。

τῇ ἐπαύριον βλέπει τὸν Ἰησοῦν ἐρχόμενον πρὸς αὐτὸν, καὶ λέγει, Ἴδε ὁ ἀμνὸς τοῦ θεοῦ, ὁ αἴρων τὴν ἁμαρτίαν τοῦ κόσμου 「翌日、彼はイエスが彼の方へ来るのを見て、言った、『見よ、世の罪を取り除く、神の子羊だ』」（ヨハ 1:29）

## 2.1.3. 未来的現在（futuristic present）

　近接した未来に対して（現在）分詞を用いるアラマイ語の明らかな影響によって、未来について確信を持って主張するときに（例 預言）、未来の行為を表すためにしばしば現在が用いられます。通常、未来を表す何らかのしるしが文に含まれます。

καὶ ὑμεῖς οὖν γίνεσθε ἕτοιμοι· ὅτι ᾗ ὥρᾳ οὐ δοκεῖτε ὁ υἱὸς τοῦ ἀνθρώπου ἔρχεται 「あなたたちも準備していなさい。なぜなら、あなたたちが思いもしないときに人の子は来るだろうから」（ルカ 12:40）

## 2.1.4. 格言的現在（gnomic present）

　直接法現在は、時と無関係な真理に関する一般的格言のために用いられます。

τὸ πνεῦμα ὅπου θέλει πνεῖ καὶ τὴν φωνὴν αὐτοῦ ἀκούεις, ἀλλ' οὐκ οἶδας πόθεν ἔρχεται καὶ ποῦ ὑπάγει 「風は望むところに吹き、あなたはその音を聞く。だが、それがどこから来て、どこに行くのかあなたは知らない。」（ヨハ 3:8）

## 2.2. 未来時称

### 2.2.1. 一般的用法

未来は、動詞のアスペクトを特定せずに、行為の時間だけを示す唯一の時称です。

### 2.2.2. 法的用法（modal uses）

直説法未来は意志を表現（つまり、意図、熟考、要求）するための接続法や命令法の代わりにも用いられます。古典ギリシア語にも見られるものの、新約聖書の中で直接法未来のこのような法（modal）としての用法は、一般に、未来が定言的命令（categorical imperative）（例 あなたは盗んではならない）として用いられる旧約聖書の法的言語（legal language）の影響に帰せられます。

ἰδόντες δὲ οἱ περὶ αὐτὸν τὸ ἐσόμενον εἶπον αὐτῷ, Κύριε, εἰ <u>πατάξομεν</u> ἐν μαχαίρᾳ; 「彼と共にいた人々は起こるであろうことを見て、彼に言った、『主よ、私たちは剣で<u>打ちましょうか</u>』」（ルカ 22:49）
直接法未来は熟考的疑問の代わりに用いられています。

ἠκούσατε ὅτι ἐρρέθη, <u>Ἀγαπήσεις</u> τὸν πλησίον σου, καὶ <u>μισήσεις</u> τὸν ἐχθρόν σου 「あなたたちはこのように言われたことを聞いたことがある、『あなたはあなたの隣人を<u>愛し</u>、あなたの敵を<u>憎め</u>』と」（マタ 5:43）
直接法未来は命令の効果を伴って使われています。

## 2.3. 未完了時称

### 2.3.1. 一般的用法

進行状態にあるか、一定期間繰り返されるとみられる過去の行為を表します（進行アスペクト、反復アスペクト）。

καὶ λαβὼν τοὺς πέντε ἄρτους καὶ τοὺς δύο ἰχθύας, ἀναβλέψας εἰς τὸν οὐρανὸν εὐλόγησεν, καὶ κατέκλασεν τοὺς ἄρτους, καὶ ἐδίδου τοῖς μαθηταῖς αὐτοῦ ἵνα παρατιθῶσιν αὐτοῖς 「そして、5つのパンと2匹の魚を取り、天を見上げ、彼は祝福し、パンを割いて、彼らが彼らに配るように、彼の弟子たちに与えていた」（マコ 6:41）

### 2.3.2. 依頼や命令の動詞と共に

応答することや服従行為によって完了することをある行為が要求する場合に、依頼や命令行為の本質が未完了でふさわしく表されます。特に、語りに応答部分が欠けているとき、その行為の不完全（つまり、未完了）アスペクトが顕著です。

ὃς ἰδὼν Πέτρον καὶ Ἰωάννην μέλλοντας εἰσιέναι εἰς τὸ ἱερόν, ἠρώτα ἐλεημοσύνην 「ペトロとヨハネが神殿に入ろうとするのを見て、施しを頼んでいた」（使 3:3）

καὶ παρεκάλει αὐτὸν πολλά, ἵνα μὴ αὐοὺς ἀποστείλῃ ἔξω τῆς χώρας 「そ

して、彼は彼に彼らをその地方から送り出さないように、しきりに<u>懇願していた</u>」（マコ 5:10）

## 2.3.3.　成功しなかった試みを表す動詞と共に

意図されたが成就されなかった行為を表すために未完了が用いられます（動能・努力の未完了 [conative imperfect]）。

καὶ <u>ἐδίδουν</u> αὐτῷ πιεῖν ἐσμυρνισμένον οἶνον· ὁ δὲ οὐκ ἔλαβεν　「そして、彼らは没薬を混ぜたぶどう酒を飲むよう彼に<u>与えようとした</u>が、彼は受け取らなかった」（マコ 15:23）

## 2.3.4.　参加している状況を描写する動詞と共に

ある行為が起こったときに進行している別の行為を表すために未完了が用いられます。

ὡς δὲ ἤγγισεν τῇ πύλῃ τῆς πόλεως, καὶ ἰδοὺ <u>ἐξεκομίζετο</u> τεθνηκώς　「そして彼がまちの門に近づくと、見よ、死者が<u>運び出されていた</u>」（ルカ 7:12）

## 2.4.　アオリスト時称

## 2.4.1.　一般的用法

1 回起こったこととして見られる過去の行為を表します（つまり、単純ア

46

スペクトを伴います）。この時称に与えられた名前に示されているように（つまり、ἀόριστος ＜ α 欠性辞 + ὅρος, 制限のない、条件付きでない）、アオリストは、継続、そして・あるいは、反復（未完了で表される）や完了（完了で表される）という制限（ὅρος）を明らかにせず、行為を単純、無条件な出来事として表します。

## 2.4.2. 開始的アオリスト（ingressive aorist）

　条件や状況を表す動詞を伴って、アオリストはその状態や状況に入ることを示すために用いられることがあります。

> γινώσκετε γὰρ τὴν χάριν τοῦ κυρίου ἡμῶν Ἰησοῦ χριστοῦ, ὅτι δι᾽ ὑμᾶς ἐπτώχευσεν, πλούσιος ὤν, ἵνα ὑμεῖς τῇ ἐκείνου πτωχείᾳ πλουτήσητε 「というのは、あなたたちは私たちの主イエス・キリストの恵みを知っています。つまり、あなたたちのために、彼は豊かだったのに貧しくなりました。あなたたちが彼の貧しさによって豊かになるために」(II コリ 8:9)

## 2.4.3. 複合的または包括的アオリスト（complexive or global aorist）

　全体として完了したと見られる直線的で反復された行為を表すためにもアオリストは用いられることがあります。言い換えれば、アオリストのこの用法は長期間にわたって継続した一連の行為を1つの歴史的事実として表します。

> εἶπον οὖν οἱ Ἰουδαῖοι, Τεσσεράκοντα καὶ ἓξ ἔτεσιν ᾠκοδομήθη ὁ ναὸς οὗτος, καὶ σὺ ἐν τρισὶν ἡμέραις ἐγερεῖς αὐτόν; 「そこで、ユダヤ人たちは言った、『46年でこの神殿は建てられたが、あなたはそれを3日で立

ち上げるのか』」（ヨハ 2:20）

τρὶς ἐρραβδίσθην, ἅπαξ ἐλιθάσθην, τρὶς ἐναυάγησα, νυχθήμερον ἐν τῷ βυθῷ πεποίηκα　「3 度私は杖で打たれ、1 度石を投げられ、3 度難破し、1 昼夜海を漂った」（II コリ 11:25）

### 2.4.4. 格言的アオリスト（gnomic aorist）

一般的原則を表す格言や金言で、常に有効である行為や状態を表すためにアオリストが用いられることがあります。

ἄλλην παραβολὴν παρέθηκεν αὐτοῖς λέγων, Ὡμοιώθη ἡ βασιλεία τῶν οὐρανῶν ἀνθρώπῳ σπείροντι καλὸν σπέρμα ἐν τῷ ἀγρῷ αὐτοῦ　「彼は別のたとえを彼らに持ち出して、言った、『天の国は彼の畑に良い種を蒔く種蒔く人に似ているだろう」（マタ 13:24）

### 2.5. 完了時称と過去完了時称

### 2.5.1. 一般的用法

完了活用の動詞は恒久的な状態となった完了した行為を表します（つまり、完了アスペクト）。完了時称は過去における完了行為から生じた出来事の現在の状態を表すために用いられる一方で、過去完了時称は更に過去の完了行為から生じた出来事の過去の状態を表すために用いられます。

παρηγγείλαμεν ὑμῖν μὴ διδάσκειν ἐπὶ τῷ ὀνόματι τούτῳ, καὶ ἰδοὺ

<u>πεπληρώκατε</u> τὴν Ἰερουσαλὴμ τῆς διδαχῆς ὑμῶν 「私たちはあなたたち
に、この名によって教えてはならないと命じたが、見よ、あなたたちは
エルサレムをあなたたちの教えで<u>満たしている</u>」（使 5:28）

πτωχὸς δέ τις ὀνόματι Λάζαρος, ὃς <u>ἐβέβλητο</u> πρὸς τὸν πυλῶνα αὐτοῦ
ἡλκωμένος 「そして、その門に<u>横たわり</u>、できものだらけの、名にお
いてラザロという、ある貧しい人がいた」（ルカ 16:20）

ἐτῶν γὰρ ἦν πλειόνων τεσσεράκοντα ὁ ἄνθρωπος ἐφ᾽ ὃν <u>γεγόνει</u> τὸ
σημεῖον τοῦτο τῆς ἰάσεως 「というのは、この癒やしのしるしが<u>生じた</u>
その人は 40 歳を越えていた」（使 4:22）

## 3．命令法と接続法における時称

　命令法と接続法において、動詞の時称は命令されていたり、禁止されたり
している行為のアスペクトだけを示します。一般に、現在時称は態度や振る
舞いの一般的指針に関して用いられる一方で、アオリストは特定な場合の振
る舞いに関して用いられます[2]。

## 3．1．命令

　命令法現在時称は従うべき一般的原則（反復アスペクト）、あるいは、持
続する継続的振る舞い、そして・あるいは、態度（継続アスペクト）に関連

---

　[2]　新約聖書において完了命令の用例は 3 つだけ存在します。マコ 4:39 の命令
πεφίμωσο「静まれ」と、使 15:29; 23:30 の定式に則った書簡における挨拶 ἔρρωσθε「ご
きげんよう」です。

した命令に適しています。対照的に、命令法アオリスト時称は特定の行為（単純アスペクト）に関連した命令に使われる傾向があります。イエスが金持ちの青年に語る中で、アオリストから現在命令に移行するところに注意してください。

πάντα ὅσα ἔχεις πώλησον καὶ διάδος πτωχοῖς [...] καὶ δεῦρο ἀκολούθει μοι 「あなたが持っているものをすべて売り、貧しい者たちに分けなさい。…そして、来て、私に従い続けなさい」（ルカ 18:22）

アオリスト命令は、特定の契機に始まるべき（開始アスペクト）行為、あるいは、長期間にわたって反復されるべき（包括的アスペクト）行為のために用いられることがあります。アオリスト命令は、通常、挨拶や祈りの中で神に向けられた嘆願に用いられます（単純、あるいは、包括的アスペクト）。現在命令とアオリスト命令の違いは、マタイとルカの同一のロギオン（語録）の記述に見いだされます。

| | |
|---|---|
| χαίρετε καὶ ἀγαλλιᾶσθε, | χάρητε ἐν ἐκείνῃ τῇ ἡμέρᾳ καὶ σκιρτήσατε, |
| ὅτι ὁ μισθὸς ὑμῶν πολὺς ἐν τοῖς οὐρανοῖς | ἰδοὺ γὰρ ὁ μισθὸς ὑμῶν πολὺς ἐν τῷ οὐρανῷ |
| 「あなたたちは、喜べ、そして、喜べ。 | 「あなたたちは、その日、喜べ、そして、躍り上がれ。 |
| なぜなら、天においてあなたたちの報いは大きい。」（マタ 5:12） | というのは、見よ、天においてあなたたちの報いは大きい。」（ルカ 6:23） |

同様に、マタ 6:9-13 とルカ 11:2-4 に保存されている主の祈りの多少異なる 2 つのバージョンにおいて、現在命令とアオリスト命令の異なった用法は、祈願者が表す嘆願に異なったニュアンスを加えています。

Πάτερ ἡμῶν ὁ ἐν τοῖς οὐρανοῖς·

ἁγιασθήτω τὸ ὄνομά σου·

ἐλθέτω ἡ βασιλεία σου·

γενηθήτω τὸ θέλημά σου,

ὡς ἐν οὐρανῷ καὶ ἐπὶ γῆς·

τὸν ἄρτον ἡμῶν τὸν ἐπιούσιον

δὸς ἡμῖν σήμερον·

καὶ ἄφες ἡμῖν τὰ ὀφειλήματα ἡμῶν

ὡς καὶ ἡμεῖς ἀφήκαμεν

τοῖς ὀφειλέταις ἡμῶν·

καὶ μὴ εἰσενέγκῃς ἡμᾶς

εἰς πειρασμόν,

ἀλλὰ ῥῦσαι ἡμᾶς ἀπὸ τοῦ πονηροῦ.


Πάτερ,

ἁγιασθήτω τὸ ὄνομά σου·

ἐλθέτω ἡ βασιλεία σου·

τὸν ἄρτον ἡμῶν τὸν ἐπιούσιον

δίδου ἡμῖν τὸ καθ’ ἡμέραν·

καὶ ἄφες ἡμῖν τὰς ἁμαρτίας ἡμῶν

καὶ γὰρ αὐτοὶ ἀφίομεν

παντὶ ὀφείλοντι ἡμῖν·

καὶ μὴ εἰσενέγκῃς ἡμᾶς

εἰς πειρασμόν.


「天におられる私たちの父よ。

あなたの名が聖とされますように。

あなたの国が来ますように。

あなたの意志が行われますように、

天におけるように、地においても。

日々の私たちの糧を、今日、私たちに与えてください。

私たちの負債を私たちのために赦


「父よ、

あなたの名が聖とされますように。

あなたの国が来ますように。

日々の私たちの糧を、日ごとに、与え続けてください。

私たちの罪を私たちのために赦し

してください。私たちが私たちに
負い目のある人々を赦したように。
私たちを誘惑に<u>導かないでくださ</u>
<u>い</u>。
むしろ、私たちを悪から<u>救ってく</u>
<u>ださい</u>。」（マタ 6:9-13）

<u>てください</u>。私たち自身が私たちに負
い目のあるすべての人々を赦しますの
で。

私たちを誘惑に<u>導かないでください</u>。」
（ルカ 11:2-4）


## 3.2. 禁止

　命令法現在時称は μή を伴って、ある行為のさらなる継続を禁じる禁止を
表すためにしばしば用いられます（「～をやめよ」、継続アスペクト）[3]。μή
を伴う接続法アオリストは（アオリスト命令法の代わりに）、ある行為の全
体的な実行を禁じる絶対的禁止のために用いられます（単純、または、包括
的アスペクト）。


μὴ <u>ποιεῖτε</u> τὸν οἶκον τοῦ πατρός μου οἶκον ἐμπορίου　「私の父の家を、
商売の家に<u>するのをやめよ</u>」（ヨハ 2:16）


μὴ <u>δῶτε</u> τὸ ἅγιον τοῖς κυσίν· μηδὲ <u>βάλητε</u> τοὺς μαργαρίτας ὑμῶν
ἔμπροσθεν τῶν χοίρων　「聖なるものを犬たちに<u>与えてはならない</u>。あ
なたたちの真珠を豚たちの前に<u>投げてはならない</u>」（マタ 7:6）


---

　3)　この伝統的理解対する批判については次を参照してください。K.L. McKay, "Aspect
in Imperatival Constructions in New Testament Greek", *NovT* 27 (1985) 201-226.

### 3.3. 勧告

勧告（「～しよう」）は一人称複数形の接続法動詞で表される。現在、ある
いは、アオリスト時称は勧められている行為のアスペクトのみを示す。現在
時称は継続されるべき（継続・反復アスペクト）進行中の行為に用いられる
が、アオリスト時称は実行されるべき（単純アスペクト）、開始されるべき
（開始的アスペクト）、または、一般的に実行されるべき（包括的アスペクト）
特定の行為に用いられます。

εἰ ζῶμεν πνεύματι, πνεύματι καὶ στοιχῶμεν　「もし、私たちが霊によっ
て生きるのならば、私たちも霊によって歩みましょう」（ガラ 5:25）

ἀγαπητοί, ἀγαπῶμεν ἀλλήλους　「愛する人たちよ、私たちは互いに愛し
合いましょう」（Ⅰ ヨハ 4:7）

οἱ ποιμένες ἐλάλουν πρὸς ἀλλήλους, Διέλθωμεν δὴ ἕως Βηθλέεμ, καὶ
ἴδωμεν τὸ ῥῆμα τοῦτο τὸ γεγονός, ὃ ὁ κύριος ἐγνώρισεν ἡμῖν　「羊飼い
たちは互いに言っていた、『私たちはベトレヘムまで行こう。そして、
主が私たちに知らせてくださった起こったことがらを見よう』」（ルカ
2:15）

## 4．不定詞の時称

現在、アオリスト、完了不定詞は、発話者によって見られたところの行為の方
法やアスペクトのみを示します。継続、あるいは、反復的行為（現在）、単純、あ
るいは、点的行為（アオリスト）、永続的状態となった完了した行為（完了）です。

　対照的に、行為の方法やアスペクトが不特定なままの未来不定詞は、主動詞に関する行為との相対的時間を示します。未来不定詞によって示された行為は、文の主たる行為に先んじた時間に起こることが期待されたり、起こったりしたこととして語られています。ヘレニズム時代に未来分詞は日常語からほぼ消え、新約聖書では使徒行伝とヘブライ書のみで見いだされますが、μέλλειν（使 11:28; 24:15; 27:10。現在不定詞は 3:3; 20:7 参照）や ὀμνύναι（ヘブ 3:18）と μηνύειν（使 23:30）の補語として、現在不定詞と共に用いられます。

ἀναστὰς δὲ εἷς ἐξ αὐτῶν ὀνόματι Ἅγαβος, ἐσήμανεν διὰ τοῦ πνεύματος λιμὸν μεγάν μέλλειν ἔσεσθαι ἐφ' ὅλην τὴν οἰκουμένην　「名においてアガボスという、彼らの 1 人が立ち上がり、全世界で大飢饉がまさに起こりつつあると霊によって知らせた」（使 11:28）

ὃς ἰδὼν Πέτρον καὶ Ἰωάννην μέλλοντας εἰσιέναι εἰς τὸ ἱερόν, ἠρώτα ἐλεημοσύνην　「彼はペトロとヨハネが神殿にまさに入りつつあるのを見て、施しを願った」（使 3:3）

## 5．分詞の時称

　動詞的形容詞である分詞の時称は、行為の知覚された方法やアスペクトを第一に示します。主動詞と分詞の時間的関係は（つまり、同時、先時、あるいは、後時）、分詞自身によって表現されず、文脈と主題から推測されます。

## 5．1．現在分詞

　現在分詞は主動詞と同時の行為を表すためにしばしば使われる一方で、先

54

行する行為（直説法未完了の代わりとして）、あるいは、未来の行為（直説法未来の代わりに）を表すためにも使われます。

ὅσοι γὰρ κτήτορες χωρίων ἢ οἰκιῶν ὑπῆρχον, πωλοῦντες ἔφερον τὰς τιμὰς τῶν πιπρασκομένων 「というのは、土地や家を持っている者たちがみな、(まず) 売って、(そして) 売った代金を持ってきた」(使 4:34) 売る行為は先行する行為であるはずです。

καὶ ἀποκριθεὶς ὁ ἄγγελος εἶπεν αὐτῇ, Πνεῦμα ἅγιον ἐπελεύσεται ἐπὶ σὲ καὶ δύναμις ὑψίστου ἐπισκιάσει σοι· διὸ καὶ τὸ γεννώμενον ἅγιον κληθήσεται υἱὸς θεοῦ 「そして、天使は答えて、彼女に言った、『聖霊があなたの上にやって来て、いと高き方の力があなたを覆うでしょう。そして、生まれる子は神の子と呼ばれるでしょう』」(ルカ 1:35) 子どもの誕生は明らかに後の出来事です。

パウロがイエスを τὸν ῥυόμενον ἡμᾶς ἐκ τῆς ὀργῆς τῆς ἐρχομένης （「来る怒りから私たちを救う方」I テサ 1:10）と呼び、神を τὸν διδόντα τὸ πνεῦμα αὐτοῦ τὸ ἅγιον εἰς ὑμᾶς （「その霊をあなたたちに与える方」I テサ 4:8）と表現するように、ある場合には、現在分詞は過去、現在、未来を包括した無時間的な行為を表します。

## 5.2. アオリスト分詞
アオリスト分詞は先行する行為を表す一方、主動詞に随伴する行為を表すためにしばしば用いられます。

βουλομένου δὲ αὐτοῦ διελθεῖν εἰς τὴν Ἀχαΐαν, προτρεψάμενοι οἱ ἀδελφοὶ ἔγραψαν τοῖς μαθηταῖς ἀποδέξασθαι αὐτόν　「彼がアカイア州に渡ることを望んでいたときに、兄弟たちは［彼を］励ましつつ、彼を歓迎するようにと弟子たちに［手紙を］書いた」（使 18:27）

## 5.3. 未来分詞

　未来分詞は主動詞の補語として目的を表現するために用いられることがあります。新約聖書では使徒行伝以外には現れません。

δυναμένου σου ἐπιγνῶναι ὅτι οὐ πλείους εἰσίν μοι ἡμέραι δώδεκα, ἀφ᾽ ἧς ἀνέβην προσκυνήσων εἰς Ἰερουσαλήμ　「私が礼拝するためにエルサレムに上ってから、せいぜい 12 日であることをあなたは知りうるでしょう」（使 24:11）

# 第4章　分詞のシンタックス

さらなる学習のために：

ABEL, *Grammaire*, 321-330; BARRETT, C.K., "The Imperatial Participle", *ExpTim* 59 (1947-1948) 165-155; BDF §§ 339, 411-425; BOYER, J.L. "The Classification of Participles. A Statistical Study", *GTJ* 5 (1984) 163-179; HOFFMANN – SIEBENTHAL, *Grammatik*, §§ 227-240; HUMBERT, *Syntaxe*, 127-132 169-177; KARLEEN, P.S., *The Syntax of the Participle in the Greek New Testament* (Diss. University of Pennsylvania, 1980); MOULE, *Idiom-Book*, 99-105; MOULTON, *Prolegomena*, 202-232; MOULTON – TURNER, *Syntax*, 150-162; PORTER, *Idioms*, 181-193; ROBERTSON, *Grammar*, 1095-1141; SCHWYZER, *Grammatik*, 384-410; SMYTH, *Grammar*, §§ 2039-2152; WALLACE, *Grammar*, 612-655; YOUNG, *Intermediate*, 147-163; ZERWICK, *Biblical Greek*, §§ 360-377.

## 1．総論的導入

### 1．1．定義

　分詞は動詞的形容詞です。その動詞的性質は次の諸点に見られます。分詞は (1) 動詞の時称幹から作られ、(2) 時称と態を持ち、(3) 直接・間接目的語を支配できます。その形容詞的性質は次の諸点に見られます。分詞は (1) 性、数、格を持ち、(2) 名詞や代名詞を修飾し、一致します。

　現在・アオリスト・完了時称の能動・中動・受動態分詞があり、これら各

時称・態はすべての格と数、男性・女性・中性の形を持ちます。

## 1．2．時称とアスペクト

　多くのギリシア語分詞の時称は、発話者によって見られた行為のアスペクトを表します。文脈において、分詞によって表現される行為と主動詞によって表現される行為の間に（相対的）時間関係が明らかな場合がしばしばあります。

　（1）現在分詞は進行・反復アスペクトを表します。その行為は、しばしば主動詞の行為と同時的です。

　（2）未来分詞は未来直接法と同様、単純、または、進行・反復アスペクトを持ちます。常に後時的行為を表しますが、たいていの場合には主動詞の意図や目的を表します。「今や〜しようとしている」や「意図して〜する」。

　（3）アオリスト分詞は単純アスペクトを持ちます。アオリスト分詞の行為はしばしば主動詞に先行し、たまに（特に、主動詞がアオリストのとき）同時的です。

　（4）完了分詞は行為の完了を強調します。

　ギリシア語のアオリスト、そして、完了分詞は、英語では分詞（つまり、having ＿＿ed）を使ってしばしば訳されますが、ギリシア語のアオリスト分詞は行為の単純な実行を強調する一方で、ギリシア語の完了分詞は行為の完了とその永続的な効果を強調します。

## ２．分詞の主たる用法

ギリシア語には３つの主たる分詞の用法があり、属性的、状況的、補語的
用法です。


### ２．１．分詞の属性的用法

属性的分詞は他の形容詞のように機能します。つまり、それが結びつく名
詞を修飾します。この場合の分詞は属性的位置に見いだされます。つまり、
冠詞と、分詞が修飾する名詞の間、あるいは、それが修飾する名詞の後すぐ
に、冠詞に先行されて置かれます。この類の分詞は修飾する語の性・数・格
と一致します。冠詞を伴わない名詞を修飾する分詞も属性的でありえます。

属性的分詞は、しばしば、（英語の）関係節のように訳すことができます。


ὁ πιστεύων ἀνήρ　　　　　信じている人は

[ὁ ἀνὴρ ὁ πιστεύων]


τῷ πιστεύσαντι ἀνδρί　　　信じたところの人に

[τῷ ἀνδρὶ τῷ πιστεύσαντι]


τοῦ πιστεύσαντος ἀνδρός　信じたところの人の

[τοῦ ἀνδπὸς τοῦ πιστεύσαντος]


以上の例における各分詞は、形容詞と交換することができます（例えば、
ὁ καλὸς ἀνήρ「美しい人」）。形容詞のように属性的分詞は係る名詞を限定し
ます。

属性的分詞は定動詞がとるすべての構造をとります。

ὁ ἐν τῷ θεῷ πιστεύσας ἀνήρ　　　神を信じた人

ὁ ἀνὴρ ὁ ὑπὸ τοῦ θεοῦ σωθείς　　神によって救われた人

すべての形容詞のように属性的分詞は名詞化して、名詞として用いられます。

ὁ ἀγαθός　　　　　　　　　良い男性
αἱ ἀγαθαί　　　　　　　　　良い女性たち

ὁ πιστεύων　　　　　　　　　信じている男性
αἱ ἐν τῷ θεῷ πιστεύσασαι　　神を信じたところの女性たち

分詞の行為が否定されるとき、οὐ は特定の名詞相当語句と共に用いられますが、μή は一般的な名詞相当語句と共に用いられます。

οἱ οὐ πιστεύοντες　　　　　　信じない（特定の）人たち

οἱ μὴ πιστεύοντες　　　　　　信じない（一般的な）人たち
　　　　　　　　　　　　　　（つまり、不信仰者）

## 2.2. 分詞の状況的用法
状況的分詞は属性的位置には置かれません。あらゆる名詞あるいは代名詞

の性・数・格と一致しますが、多くの場合に文の（定）主動詞の主語と一致するため、状況的分詞はたいてい主格をとります。状況的分詞は副詞的機能を持ち、主動詞の行為に従属するさらなる行為を指し示します。文中の属性的分詞の用法（1）と、文中の状況的分詞の用法（2）を比較してください。

（1）ὁ πιστεύων ἀνὴρ ὑπὸ τοῦ θεοῦ σῴζεται.

　　信じている人（信じたところの人）は神によって救われる。

ここで分詞 πιστεύων は属性的位置にあり、形容詞 καλός のように、救われた（特定の）人を指示しつつ明らかにしています。

（2）πιστεύων ὁ ἀνὴρ ὑπὸ τοῦ θεοῦ σῴζεται.

　　信じて、その人は神によって救われる。

対照的に、この文で分詞は属性的位置にはなく、それ故、人について明らかにしたり、指したりしているのではありません。むしろ、彼が救われる状況を与えています。そして、状況的分詞は主動詞の行為を修飾する副詞節に相当しています。状況的分詞は主たる行為が起こる一般的（付随的）状況を単純に示すことがあります。

πιστεύων ὁ ἀνὴρ ὑπὸ τοῦ θεοῦ σῴζεται.

　　信じて、その人は神によって救われる。

文脈によって裏付けられるときには、状況的分詞は主動詞に先行する、または、同時の、または後続する付随行為を表すことがあります。次の例では、状況的分詞は「この主動詞の行為がいつ起こったのか」という問いに答えて

います。

> πιστεύων ὁ ἀνὴρ ὑπὸ τοῦ θεοῦ σῴζεται.
> 信じたとき、その人は神によって救われる。

　状況的分詞は起こるべき主動詞の（過去を見て）原因となる付随行為、あるいは、主動詞の意図された（将来を見て）目的である付随行為を表すことがあります。

> πιστεύων ὁ ἀνὴρ ὑπὸ τοῦ θεοῦ σῴζεται.
> 信じたので、その人は神によって救われる。

　さらなる可能性として、状況的分詞はそれによって主動詞が達成される方法、あるいは、それによって主動詞がなされる方法や手段を表すために使われます。次の例では「この主たる行為がどのように起こったのか」という問いに答えています。

> πιστεύων ὁ ἀνὴρ ὑπὸ τοῦ θεοῦ σῴζεται.
> 信じることで、その人は神によって救われる。

　最後に、状況的分詞はそれによって主たる行為が左右されるところの付随行為を表すことがあります。

> πιστεύων ὁ ἀνὴρ ὑπὸ τοῦ θεοῦ σῴζεται.
> 信じるならば、その人は神によって救われる。

状況的分詞の正確な機能は、主動詞あるいは分詞に伴う副詞または接続詞の使用によって明らかにされます。

・主動詞に伴う ἔπειτα（「そして、そこで」）といった時間的副詞は、状況的分詞が時間的であることを示しえます。

・主動詞に伴う副詞 ὅμως（「にもかかわらず」）は、状況的分詞が譲歩的（「〜だが」）であることを示します。

・分詞に伴う小辞 ὡς は、その分詞が文の書き手によってではなく、主動詞の主語による主張を表していることを示します。

・μή で否定される状況的分詞は常に条件的です（条件文の条件節）。そうでない場合には状況的分詞は οὐ で否定されます。


## 2.3. 分詞の補足的用法

主語（主動詞が受動か自動詞のとき）あるいは目的語（主動詞が他動詞のとき）のさらなる行為を特定することで、補足的分詞は主動詞のアイデアを完全なものにします。


### 2.3.1. 感情の動詞と共に

χαίρειν, ἀγάλλεσθαι, ὀργίζεσθαι, αἰσχύνεσθαι といった感情を表す多くの動詞は、意味を補完するために補足的分詞をとります。新約聖書においては相対的に少ないものの、使 16:34 に好例を見いだせます。

καὶ ἠγαλλιάτο πανοικεὶ πεπιστευκὼς τῷ θεῷ 「そして、彼は一家をあ
げて、神を信じるようになったことを喜んだ」

## 2．3．2．開始、終了、恒久の動詞と共に

　開始する、終了する、持続することを表す動詞の多くは補足的分詞をとり
ます。この分詞は一般的に現在時称です。

　古典ギリシア語では、中動態で「始める」を意味する動詞 ἄρχεσθαι は補
足的分詞または不定詞を取りえますが、意味が異なります。この動詞に伴う
補足的分詞は、一連の行為の中で第一の行為を述べます。例えば、ἀχξόμεθα
τοῦτο ποιοῦντες（「私たちはこれをすることで始めるだろう［そして、私た
ちはあれをする］」）。対照的に、この動詞に伴う不定詞は、１つの行為によ
る開始を示します。例：ἀχξόμεθα τοῦτο ποιεῖν（「私たちはこれをすること
で始める」）。例えば使 1:1 のように、新約聖書では ἄρχεσθαι は補足的分詞
を伴っては決して使われず、不定詞とだけ使われます。

　　τὸν μὲν πρῶτον λόγον ἐποιησάμην περὶ πάντων, ὦ Θεόφιλε, ὦν ἤρξατο ὁ
　　Ἰησοῦς ποιεῖν τε καὶ διδάσκειν 「第１巻で、テオフィロよ、私は、イエ
　　スが行い、教え始めたこと全てについて書いた」

　παύεσθαι（「止める」、「終わる」）に伴った補足的分詞の使用は、使 5:42
に見られるように、新約聖書ではかなりよく見られます。

　　πᾶσάν τε ἡμέραν, ἐν τῷ ἱερῷ καὶ κατ᾽ οἶκον, οὐκ ἐπαύοντο διδάσκοντες
　　καὶ εὐαγγελιζόμενοι Ἰησοῦν τὸν χριστόν 「そして、毎日、神殿と家で、
　　彼らは絶えずイエスがキリストだと教え、福音を告げていた」

新約聖書では μένειν や ἐπιμένειν といった永続や継続の観念を持つ動詞と共に補足的分詞が用いられ、その例が多く見られます。我を忘れた召使いローダがペトロを門に残したときのペトロの反応を描くときに、その好例が見いだされます（使 12:16）。

ὁ δὲ Πέτρος ἐπέμενεν κρούων　「しかし、ペトロは叩き続けていた」

### 2.3.3. 感覚・認知の動詞と共に

古典ギリシア語のように新約聖書でも補足的分詞は感覚（例 βλέπειν, θεωρεῖν, ὁρᾶν, ἀκούειν, κατανοεῖν）や認知（例 γινώσκειν, γνωρίζειν, εἰδέναι, ἐπίστασθαι, εὑρίσκειν, δοκιμάζειν）の動詞の意味を補完するために用いられます。

感覚の動詞と共に：

ὅτι ἤκουον εἷς ἕκαστος τῇ ἰδίᾳ διαλέκτῳ λαλούντων αὐτῶν　「というのは、それぞれ、自身の言葉で彼らが語っているのを聞いていたからだ」（使 2:6）

τόν τε ἄνθρωπον βλέποντες σὺν αὐτοῖς ἑστῶτα τὸν τεθεραπευμένον, οὐδὲν εἶχον ἀντειπεῖν　「その癒やされた人が彼らのそばに立っているのを見たので、彼らは何も言い返せなかった」（使 4:14）

認知の動詞と共に：

ὁ δὲ Ἰησοῦς εἶπεν, Ἥψατό μού τις· ἐγὼ γὰρ ἔγνων δύναμιν ἐξελθοῦσαν ἀπ᾽ ἐμοῦ 「しかし、イエスは言った、『誰かが私に触れた。というのは、私から<u>力が出ていった</u>のを私は<u>知った</u>からだ』」（ルカ 8:46）

τότε λέγει· εἰς τὸν οἶκόν μου ἐπιστρέψω ὅθεν ἐξῆλθον· καὶ ἐλθὸν εὑρίσκει <u>τὸν οἶκον σχολάζοντα, σεσαρωμένον, καὶ σεσαρωμένον</u> 「そして、彼は言う、『出てきた私の家に戻ろう』。そして、来てみると、彼は<u>家が空になって、掃除され、整えられている</u>のを<u>見つける</u>」（マタ 12:44）

## 2.3.4. 動詞 λανθάνειν, φθάνειν, τυγχάνειν と共に

　ある修飾・限定された形で「存在すること」を意味する３つの動詞の意味を補完するために、補足的分詞はしばしば用いられます。λανθάνειν「〜を気づかずにいる」（つまり、「認知を避ける」）、φθάνειν「第一に〜である・となる」（つまり、「先取る、追い越す」）、τυγχάνειν「偶然〜である」（つまり、「たまたま〜である」）。これらの動詞と共に分詞は主たるアイデアを表現し、そして、翻訳するときには副詞句を伴った定動詞によってしばしば表されます。例 ἐτύχομεν τοῦτο ποιοῦντες「私たちは偶然これをした」あるいは「私たちはたまたまこれをした」。新約聖書ではこれらの動詞の用法はかなり稀で、ルカ、パウロとヘブライ書に限られます。「たまたま〜である」の意味で動詞 τυγχάνειν は、ルカ 10:30 の異読テキスト（写本 A, C, W）にだけ見いだされます。λανθάνειν の意味を補完するために、補足的分詞はヘブ 13:2 でのみ用いられています。

τῆς φιλοξενίας μὴ ἐπιλανθάνεσθε· διὰ ταύτης γὰρ <u>ἔλαθόν</u> τινες <u>ξενίσαντες</u> ἀγγέλους 「あなたたちはもてなしを忘れてはならない。というのは、それによってある人たちは<u>気づかずに天使たちをもてなした</u>からです」

同様に、補足的分詞を伴う (προ)φθάνειν の唯一の例がマタ 17:25 に見いだされます。

καὶ ὅτε εἰσῆλθεν εἰς τὴν οἰκίαν, προέφθασεν αὐτὸν ὁ Ἰησοῦς, λέγων […]
「そして、彼が家に来たとき、最初にイエスが彼に言った、…」

## 3．分詞を伴う特別な構文

### 3．1．ペリフラシス構文の分詞

動詞のペリフラシス（婉曲活用）は、無冠詞の分詞（通常は、現在か完了）と、「〜である」という動詞（εἶναι, ὑπάρχειν, γίνεσθαι）を結び合わせることによって形成されます。この用法は、表現力をより高めようとする一般的傾向のために、ヘレニズム・ギリシア語で好まれます。新約聖書でペリフラシスは広く未完了の代わりとして（現在分詞 + εἶναι の未完了）用いられますが、その結果、次の例に見られるように、継続または進行状態をより効果的に引き出します。

καὶ ἐπλήρωσεν ὅλον τὸν οἶκον οὗ ἦσαν καθήμενοι 「そして、彼らが座っていた家全体を［その音が］満たした」（使 2:2）

### 3．2．冗語的分詞

主動詞に含意されている同時、または、以前の行為を生き生きと表現するために、分詞がしばしば用いられます。このような含意された行為は、通常

のギリシア語ではたいてい表現されないので、この用法はセム語の話し言葉の様式を反映していると言えます。たとえば、他の場所への出発や移動を意味する主動詞は、ἀναστάς や ἐγερθείς といった冗語的分詞としばしば結ばれます。

καὶ ἀναστὰς ἠκολούθησεν αὐτῷ 「そして、立ち上がって、彼は彼に従った」（マコ 2:14）

καὶ ἐγερθεὶς ἀπῆλθεν εἰς τὸν οἶκον αὐτοῦ 「そして、起き上がって、彼の家に行った」（マタ 9:7）

セム語的影響は、「話す」、「尋ねる」、「返答する」を意味する主動詞と共に冗語的分詞を頻用するときにより明らかです。ヘブライ語（וַיַּעַן וַיֹּאמֶר）とアラマイ語（עֲנָה וְאָמַר）によく見られる定形表現の模倣が、ἀποκριθεὶς εἶπεν という定型句に見いだせます。この定型句は「返答する」や「答える」という概念が文脈上ふさわしくないときでさえ、新約聖書で用いられます。

ἐν ἐκείνῳ τῷ καιρῷ ἀποκριθεὶς ὁ Ἰησοῦς εἶπεν 「そのとき、イエスは答えて言った、…」（マタ 11:25）。
何か言われたことに対して答えているわけではありません。

καὶ ἀποκριθεὶς ὁ Ἰησοῦς εἶπεν αὐτῇ （つまり、いちじくの木）, Μηκέτι ἐκ σοῦ εἰς τὸν αἰῶνα μηδεὶς καρπὸν φάγοι 「そして、イエスはそれに答えて言った、『これからもはや誰もお前から実を食べないように』」（マコ 11:14）

同様に、直接会話を導入するための（話すことに関する）主動詞と共に、λέγων の冗長的使用はセム語の影響の結果と考えられるでしょう。直接会話を導入するためのヘブライ語不定詞 לֵאמֹר（「言って」の意味で）に代わって、七十人訳では λέγων が使われている文が見いだされます。新約聖書では、λέγων の使用は典型的表現になっていて、ルカ 7:39 のように λέγων が λέγειν の定動詞の形に加えられているときに、その冗語的性格は特に明らかです。

> ἰδὼν δὲ ὁ Φαρισαῖος ὁ καλέσας αὐτὸν εἶπεν ἐν ἑαυτῷ λέγων [...] 「見て、彼を招いたファリサイ派の人は彼自身の中で言って、言った、...」

## 3.3. 分詞の独立的用法

稀な例で（多くはパウロで）、おそらくセム語的特徴の影響から、分詞は命令的意味を伴いつつ、独立して機能することができます。例えば、ロマ 12:9-13 では、定動詞なしに、10 個の分詞が一連の勧告を表現しています。

> [9] Ἡ ἀγάπη ἀνυπόκριτος. ἀποστυγοῦντες τὸ πονηρόν, κολλώμενοι τῷ ἀγαθῷ, [10] τῇ φιλαδελφίᾳ εἰς ἀλλήλους φιλόστοργοι, τῇ τιμῇ ἀλλήλους προηγούμενοι, [11] τῇ σπουδῇ μὴ ὀκνηροί, τῷ πνεύματι ζέοντες, τῷ κυρίῳ δουλεύοντες, [12] τῇ ἐλπίδι χαίροντες, τῇ θλίψει ὑπομένοντες, τῇ προσευχῇ προσκαρτεροῦντες, [13] ταῖς χρείαις τῶν ἁγίων κοινωνοῦντες, τὴν φιλοξενίαν διώκοντες 「[9] 愛を正真正銘たらしめよ。[10] 悪を憎み、善を固く保ち、兄弟愛によって互いを愛し、尊敬によって互いを優れたものとみなし、[11] 熱心によって怠らず、霊によって燃え、主に仕え、[12] 希望によって喜び、苦悩に耐え、祈りにおいて不断で、[13] 聖者たちの必要を共有し、もてなしを実践せよ」

そして、この一連の命令的分詞に、14節の3つの命令法が続きます。εὐλογεῖτε τοὺς διώκοντας [ὑμᾶς], εὐλογεῖτε καὶ μὴ καταρᾶσθε 「あなたたちを迫害する者たちをあなたたちは祝福せよ。祝福せよ。呪ってはならない」

同様に、分詞はしばしば直説法の定動詞の代わりに使われることがあります。これは、文を定動詞で始めながら等位の分詞で続けるパウロ書簡でしばしば見られます。この用法はセム語的特徴の影響を示唆します。

οὐ πάλιν ἑαυτοὺς συνιστάνομεν ὑμῖν ἀλλὰ ἀφορμὴν διδόντες ὑμῖν καυχήματος ὑπὲρ ἡμῶν 「私たちはあなたたちにもう一度自分自身を推薦するのではなく、あなたたちに私たちを誇る理由を与えているのです」（II コリ 5:12）。

διδόντες が δίδομεν の代わりに使われています。

# 第5章　不定詞の用法

さらなる学習のために：

ABEL, *Grammaire*, 300-320; BDF §§ 388-410; BOYER, J.L. "The Classification of Participles. A Statistical Study", *GTJ* 6 (1985) 3-27; BURK, D., *Articular Infinitives in the Greek of the New Testament. On the Exegetical Benefit of Grammatical Precision* (New Testament Monographs 14; Sheffield 2006); HOFFMANN – SIEBENTHAL, *Grammatik*, §§ 213-226; HUMBERT, *Syntaxe*, 124-127, 159-169; MCKAY, K.L., *A New Syntax of the Verb in NT Greek. An Aspectual Approach* (New York 1994) 55-60; MOULE, *Idiom-Book*, 126-134; MOULTON, *Prolegomena*, 202-222; MOULTON – TURNER, *Syntax*, 134-149; PORTER, *Idioms*, 194-203; ROBERTSON, *Grammar*, 1051-1095; SCHWYZER, *Grammatik*, 355-383; SMYTH, *Grammar*, §§ 1966-2038; VOTAW, C.W., *The Use of the Infinitive in Biblical Greek* (Chicago, IL 1896); WALLACE, *Grammar*, 587-611; YOUNG, *Intermediate*, 165-177; ZERWICK, *Biblical Greek*, §§ 380-395.

## 1．総論的導入

　不定詞は活用しない動詞的名詞であって、名詞化された行為を表します。他の名詞のように不定詞は数（単数）・性（中性）・格（主格・属格・与格・対格）をもち、冠詞（τό, τοῦ, τῷ）を伴うか伴わずに現れます。他の動詞のように不定詞は時称と態を持ち、副詞で修飾されること、直接目的語、そして・または、間接目的語を支配することができます。たいてい（直説法でな

い他の動詞形のように）οὐ ではなく μή で否定されます。不定詞によって表現される行為の主語が、動詞を支配する主語と異なる場合には対格で現れます。不定詞の時称は、発話者によってみられる行為のアスペクトを第一に表します。現在（継続・反復アスペクト）、アオリスト（単純、開始、または、包括的アスペクト）、完了（完了アスペクト）。ある構文では、不定詞の時称は不定詞で表される行為と、文の主動詞によって表される行為の間の時間的関係を表すことがあります。

　不定詞の用法は、それが現れる文における不定詞の意味的機能によって分類されます。名詞的（あるいは実詞的）用法では（動詞的名詞として）不定詞の名詞的性格が強調されます。対照的に、副詞的用法では（動詞的名詞として）不定詞の動詞的性格が強くなります。

## 2．不定詞の名詞的（実詞的）用法

　実詞化された行為を表す動詞的名詞として、不定詞は文中で、意味的に他の名詞のように機能することができます。

## 2．1．主動詞の主語

　ある不定詞は、定冠詞を伴うか伴わずに定動詞の主語として機能することができます。たとえば δεῖ, συμφέρει, ἔξεστιν, δοκεῖ などのいわゆる「非人称動詞」と呼ばれる定動詞が例として挙げられます。δυνατόν ἐστίν（X が可能である）や καλόν ἐστίν（X が良い・好ましい）といった ἐστίν が形容詞補語と結び付けられた表現にも、主語としての不定詞は用いられます。

　τὸ δὲ ἀνίπτοις χερσὶν φαγεῖν οὐ κοινοῖ τὸν ἄνθρωπον　「洗わない手で食

べることは人を汚さない」（マタ 15:20）

τὸ δὲ καθίσαι ἐκ δεξιῶν μου καὶ ἐξ εὐωνύμων μου οὐκ ἔστιν ἐμὸν δοῦναι
「私の右と左に座ることは私が与えることではない」（マタ 20:23）

ἐμοὶ γὰρ τὸ ζῆν Χριστὸς καὶ τὸ ἀποθανεῖν κέρδος「なぜなら、私にとっ
て生きることはキリストであり、死ぬことは利得である」（フィリ 1:21）

ἀποκριθεὶς δὲ Πέτρος καὶ οἱ ἀπόστολοι εἶπαν, πειθαρχεῖν δεῖ θεῷ μᾶλλον
ἢ ἀνθρώποις 「ペトロと使徒たちは答えて、言った、『人間たちにより
も、神に従わなければなりません』」（使 5:29）

καὶ ἐπηρώτησαν αὐτόν, λέγοντες· Εἰ ἔξεστιν τοῖς σάββασιν θεραπεύειν;
「そして、彼らは尋ねて、言った、『安息日に癒やすことは許されるので
すか』」（マタ 12:10）

ὁ Πέτρος λέγει τῷ Ἰησοῦ· ῥαββί, καλόν ἐστιν ἡμᾶς ὧδε εἶναι 「ペトロは
イエスに言った、『ラビ、私たちがここにいることは良いことです』」（マ
コ 9:5）

## ２.２. 主動詞の直接目的語

　ある不定詞は、冠詞を伴うか伴わずに、定動詞の直接目的語としてしばし
ば機能しえます。

ὥσπερ γὰρ ὁ πατὴρ ἔχει ζωὴν ἐν ἑαυτῷ, οὕτως καὶ τῷ υἱῷ ἔδωκεν ζωὴν ἔχειν ἐν ἑαυτῷ 「というのは、父が彼自身の中にいのちを持つように、そのように、彼は子に彼自身の中にいのちを持つことを与えたからだ」（ヨハ 5:26）

μηδενὶ μηδὲν ὀφείλετε, εἰ μὴ τὸ ἀγαπᾶν ἀλλήλους 「あなたたちは、互いに愛し合うこと以外に、誰にも何も負ってはならない」（ロマ 13:8）

οὐχ ἁρπαγμὸν ἡγήσατο τὸ εἶναι ἴσα θεῷ 「彼は神と等しくいることを固着すべきことだと考えなかった」（フィリ 2:6）

## 2.3. 知覚する、見る、言うことの動詞に伴う不定詞

知覚（例 ἀκούειν, θεωρεῖν, βλέπειν, γινώσκειν）、見る（例 δείκνυσθαι, δηλοῦν）、言う（例 λέγειν, λαλεῖν）ことに関する動詞の後に不定詞が使われることがあります。このような場合、知覚や伝達の内容を表す限り、不定詞は（知覚・見る・言うことの）定動詞の直接目的語と考えられます。ヘレニズム・ギリシア語では、知覚・見る・言うことに関する動詞は分詞（補足的用法）や名詞文（例 ὅτι ＋ 定動詞）を支配することがより一般的です。不定詞（＋ 主語的対格）を伴う代替的構文は、新約聖書では主に文学に長じた著者（パウロとルカ）によって保持された古典的用法を代表しています。

ἤκουσαν τοῦτο αὐτὸν πεποιηκέναι τὸ σημεῖον 「彼らは（群衆は）彼がこのしるしをしたのだと聞いた」（ヨハ 12:18）

ἀκούω σχίσματα ἐν ὑμῖν ὑπάρχειν 「あなたたちの間に分裂があると私は聞いています」（I コリ 11:18）

ἐπιδεικνὺς διὰ τῶν γραφῶν εἶναι τὸν χριστὸν Ἰησοῦν 「イエスがキリス
トであると聖書を通して示していた」（使 18:28）

ἠρώτα τοὺς μαθητὰς αὐτοῦ, λέγων, τίνα με λέγουσιν οἱ ἄνθρωποι εἶναι
「彼は彼の弟子たちに尋ねて、言っていた、『私が誰だと人々は言ってい
るのか』」（マタ 16:13）

## 2.4. 同格の不定詞

　他の名詞のように、不定詞は他の名詞に対して同格の位置に立つことがで
きます。これらの場合に不定詞は定義機能をもっていて、関連する名詞によっ
て名付けられた一般的なカテゴリーに定義（あるいは例示）する明らかな例
を与えています。

εἰς τοῦτο γὰρ ὤφθην σοι, προχειρίσασθαί σε ὑπηρέτην καὶ μάρτυρα 「と
いうのは、このため、あなたを奉仕者・証人に任命するために私はあな
たに現れました」（使 26:16）

ὁ ἁγιασμὸς ὑμῶν, ἀπέχεσθαι ὑμᾶς ἀπὸ τῆς πορνείας 「あなたたちの聖
化、あなたたちが不貞から遠ざかることは」（I テサ 4:3）

ἐδίδασκεν τῷ Βαλὰκ βαλεῖν σκάνδαλον ἐνώπιον τῶν υἱῶν Ἰσραὴλ φαγεῖν
εἰδωλόθυτα καὶ πορνεῦσαι 「つまずき、偶像に捧げたものを食べ、淫
行することをイスラエルの子たちの前に置くようにと、彼（バラム）は
バラクに教えた」（黙 2:14）

## 2.5. 説明の不定詞 (epexegetical infinitive)

　不定詞が他の名詞や形容詞を説明し、あるいは、限定するときに、その不定詞は説明的であると言われます。対照的に、同格的不定詞は他の名詞を定義するために用いられることに注意してください。

　ἰδοὺ δέδωκα ὑμῖν τὴν ἐξουσίαν τοῦ πατεῖν ἐπάνω ὄφεων καὶ σκορπίων 「見よ、私はあなたたちに蛇やさそりを踏みつける権威を与えた」（ルカ 10:19）

　βραδεῖς τῇ καρδίᾳ τοῦ πιστεύειν ἐπὶ πᾶσιν οἷς ἐλάλησαν οἱ προφῆται 「預言者たちが言ったことすべてを信じることが心において遅い者たち」（ルカ 24:25）

　ἰδὼν ὅτι ἔχει πίστιν τοῦ σωθῆναι 「救われるための信仰を彼が持っているのを見て」（使 14:9）

## 3. 不定詞の副詞的用法

　文の主動詞によって表現された行為をある仕方で限定するために不定詞が用いられることがあります。不定詞のこれらの用法は、例えば、なぜ？ どういう理由で？ いかなる理由で？ どのように？ いつ？ といった副詞的な問いに答えます。

## 3.1. 目的の不定詞

単純な（無冠詞の）不定詞、あるいは、冠詞付きの不定詞の属格は、文の主動詞の目的を表現するために用いることができ、特に、「任命する、存在する、送る」を意味する動詞の後に、そして、新約聖書では移動の動詞の後に用いられます。不定詞のこの用法は ἵνα （または、ὅπου）＋ 接続法を伴う結果（目的）節に相当します。

μὴ νομίσητε ὅτι ἦλθον καταλῦσαι τὸν νόμον ἢ τοὺς προφήτας· οὐκ ἦλθον καταλῦσαι ἀλλὰ πληρῶσαι 「律法や預言者たちを廃止するために私が来たとあなたたちは考えてはならない。廃止するためではなく完成するために私は来た」（マタ 5:17）

ἐξῆλθεν ὁ σπείρων τοῦ σπείρειν 「種を蒔くため種蒔く人が出て行った」（マタ 13:3）

ἐπείνασα γὰρ, καὶ ἐδώκατέ μοι φαγεῖν 「というのは、私が飢えていて、そして、あなたたちは食べるため私に与えた」（マタ 25:35）

τοῖς ἀγγέλοις αὐτοῦ ἐντελεῖται περὶ σοῦ, τοῦ διαφυλάξαι σε 「あなたを守るため彼はあなたのためにその天使たちに命じるだろう」（ルカ 4:10）

ἄνθρωποι δύο ἀνέβησαν εἰς τὸ ἱερὸν προσεύξασθαι 「2人は祈るため神殿へと上った」（ルカ 18:10）

εἰς / πρός ＋ τό ＋ 不定詞を伴う構文も目的を表現します。

καὶ παραδώσουσιν αὐτὸν τοῖς ἔθνεσιν εἰς τὸ ἐμπαῖξαι καὶ μαστιγῶσαι καὶ σταυρῶσαι· καὶ τῇ τρίτῃ ἡμέρᾳ ἀναστήσεται　「そして、彼らは（彼を）侮辱し、鞭打ち、十字架につけるために、彼を異邦人たちに引き渡すだろう。そして、３日目に彼は立ち上がるだろう」（マタ 20:19）

προσέχετε τὴν ἐλεημοσύνην ὑμῶν μὴ ποιεῖν ἔμπροσθεν τῶν ἀνθρώπων, πρὸς τὸ θεαθῆναι αὐτοῖς　「彼らに見られるために人々の前であなたたちの施しを行わないよう、あなたたちは注意しなさい」（マタ 6:1）

## ３.２.　結果の不定詞

　文の主動詞の意図された結果、あるいは、実際の結果を表すため、不定詞は ὥστε（しばしば ὡς）の後に用いられます。新約聖書では ὥστε はしばしば省略されます。

καὶ ἦλθον καὶ ἔπλησαν ἀμφότερα τὰ πλοῖα ὥστε βυθίζεσθαι αὐτά　「そして、彼らが来たが、両方の舟はいっぱいになり、それらは沈みそうになった」（ルカ 5:7）

Ἀνανία, διὰ τί ἐπλήρωσεν ὁ Σατανᾶς τὴν καρδίαν σου, ψεύσασθαί σε τὸ πνεῦμα τὸ ἅγιον;　「アナニア、なぜサタンはあなたの心を満たし、あなたは聖霊を騙したのか」（使 5:3）

　稀な例として、主動詞の結果は τοῦ + 不定詞、あるいは、εἰς + τό + 不定詞によって表されます。同一の構文は目的を表すこともできます。混乱を避けるためには、目的の不定詞が行為者の意図（それが、実現しても実現しな

くても）を強調するのに対して、結果の不定詞は行為の最終結果（それが、意図されていても、意図されていなくても）を強調することを思い起こすことが重要です。

τὰ γὰρ ἀόρατα αὐτοῦ ἀπὸ κτίσεως κόσμου τοῖς ποιήμασιν νοούμενα καθορᾶται [...] εἰς τὸ εἶναι αὐτοὺς ἀναπολογήτους 「というのは、世界の創造から彼の不可視性は被造物において知られたものとして現れていて、…、その結果、彼ら（不信仰者たち）には弁解の余地がありません」（ロマ 1:20）

ἐὰν δὲ ἀποθάνῃ ὁ ἀνήρ, ἐλευθέρα ἐστὶν ἀπὸ τοῦ νόμου, τοῦ μὴ εἶναι αὐτὴν μοιχαλίδα γενομένην ἀνδρὶ ἑτέρῳ 「しかし、もし夫が死ねば彼女（彼の妻）は律法から自由であり、その結果、他の男と結婚しても彼女は姦通者になりません」（ロマ 7:3）

## 3.3. 原因を表す不定詞

διά + τό + 不定詞という構文は、文の主動詞によって表現される行為の原因、あるいは、理由を示すために用いられます。

καὶ διὰ τὸ μὴ ἔχειν ῥίζαν ἐξηράνθη 「そして、根がないのでそれは枯れた」（マコ 4:6）

οἱ Σαδδουκαῖοι διαπονούμενοι διὰ τὸ διδάσκειν αὐτοὺς τὸν λαόν 「サドカイ派の人々は彼らが民に教えているので苛立ち」（使 4:1-2）

## 3.4. 手段を表現する不定詞

ἐν + τῷ + 不定詞という構文は、それによって文の主動詞の行為が遂行される手段を示すために用いられます。

ὁ θεὸς τὸν παῖδα αὐτοῦ ἀπέστειλεν αὐτὸν εὐλογοῦντα ὑμᾶς <u>ἐν τῷ</u> <u>ἀποστρέφειν</u> ἕκαστον ἀπὸ τῶν πονηριῶν ὑμῶν　「あなたたちの悪からそれぞれを<u>立ち返らせることで</u>あなたたちを祝福するために、神はその僕を送った。」(使 3:26)

## 3.5. 時の状況を表現する不定詞

（主動詞で表現される）主たる行為と、（不定詞で表現される）二次的な行為を時間的に関連させる時間を表す節を形成するために、冠詞付きの不定詞はある前置詞と共に用いられます。

先行する行為：　μετά + τό + （アオリスト）不定詞 （〜した後）

ἐν + τῷ + （アオリスト）不定詞 （〜した後）

<u>μετὰ</u> δὲ <u>τὸ παραδοθῆναι τὸν Ἰωάννην</u> ἦλθεν ὁ Ἰησοῦς εἰς τὴν Γαλιλαίαν κηρύσσων τὸ εὐαγγέλιον τοῦ θεοῦ　「<u>ヨハネが捕らえられた後</u>、イエスはガリラヤに来て、神の福音を宣べ」(マコ 1:14)

παρέστησεν ἑαυτὸν ζῶντα <u>μετὰ τὸ παθεῖν αὐτὸν</u> ἐν πολλοῖς τεκμηρίοις 「<u>彼が苦しんだ後</u>、多くの証拠でもって自身が生きていることを［彼ら

に〕表した」（使 1:3）

ἐν δὲ τῷ ἄρξασθαί με λαλεῖν, ἐπέπεσεν τὸ πνεῦμα τὸ ἅγιον ἐπ᾽ αὐτούς
「私が話し始めた後、聖霊が彼らの上に降った」（使 11:15）

同時の行為：　ἐν ＋ τῷ ＋（現在）不定詞（～している間）

καὶ ἐν τῷ σπείρειν αὐτὸν ἃ μὲν ἔπεσεν παρὰ τὴν ὁδόν　「そして、彼が蒔
いている間、あるもの〔種〕は道沿いに落ちた」（マタ 13:4）

ἐν τῷ εἶναι αὐτοὺς ἐκεῖ, ἐπλήσθησαν αἱ ἡμέραι τοῦ τεκεῖν αὐτήν　「彼ら
がそこにいる間に、彼女が子を産む時が来た」（ルカ 2:6）

後行する行為：　πρό ＋ τοῦ または πρίν（ἤ）＋不定詞（～する前に）

οἶδεν γὰρ ὁ πατὴρ ὑμῶν ὧν χρείαν ἔχετε πρὸ τοῦ ὑμᾶς αἰτῆσαι αὐτόν
「というのは、あなたたちの父は、あなたたちが彼に願う前に、知って
いるからだ」（マタ 6:8）

πρὶν ἢ δὶς ἀλέκτορα φωνῆσαι τρίς με ἀπαρνήσῃ　「鶏が 2 度泣く前に、
あなたは 3 度私を拒むだろう」（マコ 14:30）

## ３.６.  主動詞を補足する不定詞

　支配する動詞の意味を補足するために不定詞は用いられます。これは、不
定詞が定動詞の直接目的語として機能している事例に近いと言えます。その

違いは、次に見られるような動詞のアイデアを補足するため、補足的不定詞が不定詞を必要とする動詞と共に用いられることです。

(1)「望む」（θέλειν）、「願う」（βούλεσθαι）、「努力する」（ζητεῖν）

(2)「避ける」（φυλάσσεσθαι）、「恥じる」（αἰσχύνεσθαι）、「恐れる」（φοβεῖσθαι）

(3)「頼む、依頼する」（δεῖσθαι, ἐρωτᾶν, παρακαλεῖν）

(4)「命じる、課す」（κελεύειν, τάσσειν）

(5)「許す、許可する」（ἐᾶν, ἀφιέναι）

(6)「～できる」（δύνασθαι）、「～できる」（ἰσχύειν）、「[どのように～するか]理解する」（ἔχειν）

(7)「～すべき」（ὀφείλειν）、「いまや～しようとする」（μέλλειν）

次の例を考察してください。

εἰ δὲ θέλεις εἰσελθεῖν εἰς τὴν ζωήν, τήρησον τὰς ἐντολάς 「もし、いのちへと入ることをあなたが望むなら、あなたは掟を守りなさい」（マタ19:17）

Ἰωσήφ, υἱὸς Δαυίδ, μὴ φοβηθῇς παραλαβεῖν Μαρίαν τὴν γυναῖκά σου 「ヨセフ、ダビデの子、恐れずあなたの妻マリアを迎えなさい」（マタ1:20）

Διδάσκαλε, δέομαί σου ἐπιβλέψαι ἐπὶ τὸν υἱόν μου, ὅτι μονογενής ἐστίν μοι 「先生、あなたが私の子を見ることを私は願います。なぜなら、彼は私の一人息子だからです」（ルカ9:38）

ἔταξαν ἀναβαίνειν Παῦλον καὶ Βαρναβᾶν πρὸς τοὺς ἀποστόλους 「パウ
ロとバルナバを使徒たちへと上らせるため彼らは任命した」（使 15:2）

οὐκ ἴσχυον ἀντιστῆναι τῇ σοφίᾳ καὶ τῷ πνεύματι ᾧ ἐλάλει 「彼がそれに
よって語った知恵と霊によって、彼らは対抗することができなかった」
（使 6:10）

ὃς ἰδὼν Πέτρον καὶ Ἰωάννην μέλλοντας εἰσιέναι εἰς τὸ ἱερόν, ἠρώτα
ἐλεημοσύνην λαβεῖν 「ペトロとヨハネが神殿へと入ろうとするのを見
て、彼は施しを受けることを頼んだ」（使 3:3）

# 第6章 接続詞と文副詞

さらなる学習のために：

ABEL, *Grammaire*, 331-355; BEAL, G.K. – BRENDSEL, D. – ROSS, W.A., *An Interpretative Lexicon of the New Testament Greek. Analysis of Prepositions, Adverbs, Particles, Relative Pronouns, and Conjunctions* (Grand Rapids, MI 2014); BLACK, S., *Sentence Conjunctions in the Gospel of Matthew.* καί, δε, γάρ, οὖν and Asyndeton in Narrative Discourse (JSTN.S 216; Sheffield 2002); BDF §§ 438-457; DENNISTON, J.D. *The Greek Particles* (Oxford 21954); HOFFMANN – SIEBENTHAL, *Grammatik*, §§ 250-252; HUMBERT, *Syntaxe*, 368-442; MOORHOUSE, A.M., *Studies in the Greek Negative* (Oxford 1959); MOULE, *Idiom-Book*, 142-147; MOULTON – TURNER, *Syntax*, 329-341; PORTER, *Idioms*, 204-217; ROBERTSON, *Grammar*, 1142-1193; SCHWYZER, *Grammatik*, 553-590; SMYTH, *Grammar*, §§ 2775-3004; THRALL, M., *Greek Particles in the New Testament* (NTTS 3; Leiden 1962); WALLACE, Grammar, 666-678; YOUNG, *Intermediate*, 179-204; ZERWICK, *Biblical Greek*, §§ 400-429, 450-477.

## 1．総論的導入

　文法学者は「小辞（particle）」という一般的見出しの下に、次の2種類の語を含めています。

　（1）接続詞（conjunctions）：節の間、または、文の間の関係を表すため

に用いられます。

（2）文副詞（sentence adverbs）：節、または、文の様式を特徴付けるために用いられます。

文副詞は、しばしばモーダル小辞（modal particles）と呼ばれます（ここで用いられる「小辞」は、狭義の意味の「小辞」です）。

多くのこのような語は接続詞、または、文副詞として機能しますが、いくつかの非常に一般的な小辞は、あるときは接続詞として、他のある時は文副詞としてというように、用法が変わります。

例　καί 「そして」（接続詞的）

「さえ」（副詞的）

γάρ 「なぜなら」（接続詞的）

「実際に」（副詞的）

## ２．接続詞

　接続詞は等位（つまり、シンタックス上、相互に同等な文の要素を繋ぐ）であるか、従属（つまり、文の他の要素を修飾するための従属節を導入する）であるかです。

## ２．１．等位接続詞

　等位接続詞には異なるタイプがあります。詳細にいえば、文における諸要素間の論理的繋がりを示します。

繋辞の接続詞 (copulative)：καί (そして)、τε (そして)、οὐδέ (また、〜ない) は、さらなる要素やアイデアを繋げるか、加えるために用いられます。

ὁ θεὸς τοῦ λαοῦ τούτου Ἰσραὴλ ἐξελέξατο τοὺς πατέρας ἡμῶν <u>καὶ</u> τὸν λαὸν ὕψωσεν ἐν τῇ παροικίᾳ ἐν γῇ Αἰγύπτου <u>καὶ</u> μετὰ βραχίονος ὑψηλοῦ ἐξήγαγεν αὐτοὺς ἐξ αὐτῆς 「この民、イスラエルの神は、私たちの父祖たちを選び、<u>そして</u>、エジプトの地での滞在の間に民を強め、<u>そして</u>、高く上げた腕で彼らをそこから導き出した」(使 13:17)

逆接の接続詞 (adversative)：ἀλλά (「しかし」、直接的対照)、δέ (「しかし」、一般的対照)、πλήν (「しかし、とにかく」)、μέν … δέ (「一方で…他方で」)、ὅμως (「にもかかわらず」)、καίτοι (「それでも」) は、2つの節を対照的関係に配置するために用いられます。

ὁ <u>μὲν</u> θερισμὸς πολύς, οἱ <u>δὲ</u> ἐργάται ὀλίγοι 「収穫は多い<u>一方で</u>、<u>他方</u>、働き手は少ない」(マタ 9:37)

相関の接続詞 (correlative)：καί … καί (「〜と…〜と」)、οὔτε [μήτε] … οὔτε [μήτε] (「〜も…〜もない」) は、2つの節を比較関係に配置するために用いられます。

ὅταν γὰρ ἐκ νεκρῶν ἀναστῶσιν <u>οὔτε</u> γαμοῦσιν <u>οὔτε</u> γαμίζονται 「というのは、彼らが死者たちの中から復活するとき、嫁ぐこと<u>も</u>結婚すること<u>もない</u>」(マコ 12:25)

離接の接続詞（disjunctive）：ἤ（「または」）、ἤ … ἤ（「〜か…〜か」）は、
2つの節を相互に排他的で二者択一的なものと見なすために用いられます。

οὐδεὶς δύναται δυσὶ κυρίοις δουλεύειν· ἢ γὰρ τὸν ἕνα μισήσει καὶ τὸν
ἕτερον ἀγαπήσει, ἢ ἑνὸς ἀνθέξεται καὶ τοῦ ἑτέρου καταφρονήσει 「誰も
2人の主人に仕えることはできない。というのは、一方を憎んで他方を
愛するか、一方を奉じて他方を軽んじるかであるから」（マタ 6:24）

推論の接続詞（inferential）：ἄρα（「そして」）、διό, οὖν（「その結果」）は、
先行する節の論理的結果を導入するために用いられます。

εἰ δὲ Χριστὸς οὐκ ἐγήγερται, ματαία ἡ πίστις ὑμῶν, ἔτι ἐστὲ ἐν ταῖς
ἁμαρτίαις ὑμῶν, ἄρα καὶ οἱ κοιμηθέντες ἐν Χριστῷ ἀπώλοντο 「もしキ
リストが復活しなかったのなら、あなたたちの信仰はむなしく、あなた
たちはまだあなたたちの罪の中にいます。そして、キリストのうちに
眠った人々は滅んでしまったことになります」（I コリ 15:17-18）

原因の接続詞（causal）：γὰρ（「というのは」）は、原因や先に主張された
ことの根拠を説明する文を導入するために用いられます。

καὶ ἐξεπλήσσοντο ἐπὶ τῇ διδαχῇ αὐτοῦ· ἦν γὰρ διδάσκων αὐτοὺς ὡς
ἐξουσίαν ἔχων καὶ οὐχ ὡς οἱ γραμματεῖς 「そして、彼らは彼の教えに驚
いていた。というのは、彼が律法学者たちのようにではなく、権威を持
つ者として教えていたからだ」（マコ 1:22）

## 2.2. 従属接続詞

従属接続詞は、文における諸要素間に成立する従属関係のタイプによって分類されます。

比較（comparative）：ὡς（「〜のように」）, ὥσπερ, καθώς（「あたかも〜のように」）は、文の2つの要素間に類似や比較を成立させるために用いられます。

ἐπέπεσεν τὸ πνεῦμα τὸ ἅγιον ἐπ᾽ αὐτοὺς ὥσπερ καὶ ἐφ᾽ ἡμᾶς ἐν ἀρχῇ 「はじめに私たちにも（降った）ように、彼らに聖霊が降りました」（使 11:15）

条件（conditional）：εἰ, ἐάν（「もし」）は、結果として表現される行為・状態が起こる前に、実現されるべき条件を導入するために用いられます。条件文は第8章でさらに議論されます。

時間（temporal）：ὅτε, ὁπότε（「〜とき、〜間」同時的行為）, ἐπεί, ἐπειδή（「〜後に」先行的行為）, ἕως, μέχρι（「〜まで」後続的行為）は、文の主たる行為に対して時間的関係を持つ節を導入するために用いられます。

ἡμᾶς δεῖ ἐργάζεσθαι τὰ ἔργα τοῦ πέμψαντός με ἕως ἡμέρα ἐστίν· ἔρχεται νὺξ ὅτε οὐδεὶς δύναται ἐργάζεσθαι 「日がある間、私を遣わした方のわざを私たちは行わなければならない。誰も行えないとき、夜が来る」（ヨハ 9:4）

ἐπειδὴ ἐπλήρωσεν πάντα τὰ ῥήματα αὐτοῦ εἰς τὰς ἀκοὰς τοῦ λαοῦ, εἰσῆλθεν εἰς Καφαρναούμ 「彼は民の聞くことへこれらの言葉を終えた後（彼は民にこれらの言葉を終えた後）、カファルナウムに入った」（ルカ 7:1）

目的（final）：ἵνα, ὅπως（「〜のために」）は、文の主たる行為の行為者の意図した目標、あるいは、目的を述べる節を導入するために用いられます。

καὶ προσέφερον αὐτῷ παιδία ἵνα αὐτῶν ἅψηται 「彼が彼らに触れるため、彼らは子どもたちを彼へと連れてきた」（マコ 10:13）

結果（consecutive）：ὥστε, ὡς（「〜という結果を伴って」）は、文の主たる行為の成果、あるいは、結果を表す節を導入するために用いられます。

καὶ συνέρχεται πάλιν ὁ ὄχλος, ὥστε μὴ δύνασθαι αὐτοὺς μηδὲ ἄρτον φαγεῖν 「そして、群衆がまた集まってきて、その結果、彼らは食事をすることができなかった」（マコ 3:20）

οὕτως γὰρ ἠγάπησεν ὁ θεὸς τὸν κόσμον, ὥστε τὸν υἱὸν τὸν μονογενῆ ἔδωκεν 「というのは、ひとり子を与えた、それほどに神は世を愛したのです」（ヨハ 3:16）

原因（causal）：ὅτι, διότι, ἐπεί, ἐπειδή（「なぜなら〜なので」）は、行為、あるいは、状態の根拠を述べる節を導入するために用いられます。

δικαιωθέντες οὖν ἐκ πίστεως εἰρήνην ἔχομεν πρὸς τὸν θεὸν διὰ τοῦ κυρίου ἡμῶν Ἰησοῦ Χριστοῦ 「その結果、私たちは信仰によって義と

されたのだから、私たちは私たちの主イエス・キリストを通して神に対して平和を得ています」（ロマ 5:1）

μὴ φοβοῦ, Ζαχαρία, διότι εἰσηκούσθη ἡ δέησίς σου　「恐れるな、ザカリアよ、あなたの祈りは聞き入れられたのだから」（ルカ 1:13）

εἶπεν δὲ Μαριὰμ πρὸς τὸν ἄγγελον· πῶς ἔσται τοῦτο, ἐπεὶ ἄνδρα οὐ γινώσκω;　「マリアは天使に言った、『なぜこのことがあるでしょう。私は男性を知らないのですから』」（ルカ 1:34）

## 3．文副詞（心態辞 modal particles）

新約聖書ギリシア語は古典ギリシア語に比べると文副詞に富んでいません。古典的な小辞の多くは使用されなくなり、残ったものも限定的な機能を持つだけです。

## 3．1．強調の小辞：γε

小辞 γε（「少なくとも」）は、新約聖書でほぼいつも他の接続詞と関連づけられて用いられ、この小辞が続く接続詞の意味を強調、あるいは、強化します。

εἰ ἄλλοις οὐκ εἰμὶ ἀπόστολος, ἀλλά γε ὑμῖν εἰμι　「他の人々にとって私は使徒ではないとしても、少なくともあなたたちにとって私は（使徒）です」（I コリ 9:2）

### 3.2. 疑問の小辞：οὐ, μή, μήτι, ἆρα

修辞的疑問において μή あるいは μήτι が使用されるときは否定的な答えが期待されますが、小辞 οὐ が使用されるときは話し手が肯定的な答えを期待していることを示します。

> μήτι δύναται τυφλὸς τυφλὸν ὁδηγεῖν; οὐχὶ ἀμφότεροι εἰς βόθυνον ἐμπεσοῦνται; 「盲人が盲人を案内することはできないだろうに」（答え：「もちろん、否」）、「彼らは穴に落ち込まないだろうか」（答え：「もちろん」）（ルカ 6:39）

小辞 ἆρα は中立的な疑問であることを示すために用いられます。たいていは訳出されませんが、話中の質問の最後の部分に大きな強調が置かれることを示します。

> ὁ υἱὸς τοῦ ἀνθρώπου ἐλθὼν ἆρα εὑρήσει τὴν πίστιν ἐπὶ τῆς γῆς; 「人の子が来るとき、地上に彼は信仰を見いだすだろうか」（ルカ 18:8）

小辞 εἰ は間接疑問（「～かと」）を導入するために通常用いられますが、ある例では単に直接疑問の始まりを示します。

> καὶ ἐπηρώτησαν αὐτὸν λέγοντες· εἰ ἔξεστιν τοῖς σάββασιν θεραπεῦσαι; 「そして、彼らは彼に尋ねて言う、『安息日に癒すことは許されているのか』」（マタ 12:10）

## 3.3. 断定の小辞：ναί, οὔ, οὐχί, δήπου

　小辞 ναί と οὔ / οὐχί は、それぞれ肯定、否定の断定を導入するために用いられます。

　δοκεῖτε ὅτι εἰρήνην παρεγενόμην δοῦναι ἐν τῇ γῇ; οὐχί, λέγω ὑμῖν, ἀλλ᾽
　ἢ διαμερισμόν 「あなたたちは、私が平和を地上にもたらすために来
　たと考えるのか。いや、私はあなたたちに言う、むしろ分裂だ」（ルカ
　12:51）

　τί ἐξήλθατε ἰδεῖν; προφήτην; ναὶ λέγω ὑμῖν, καὶ περισσότερον προφήτου
　「あなたたちは何を見に出て行ったのか。預言者をか。そうだ、私はあ
　なたたちに言う、預言者以上の者をだ」（ルカ 7:26）

　小辞 δήπου（「確かに、もちろん」）は、広く共有されている確信へと訴え
かける文で用いられます。この小辞は新約聖書で 1 例だけ見られます。

　οὐ γὰρ δήπου ἀγγέλων ἐπιλαμβάνεται ἀλλὰ σπέρματος Ἀβραὰμ
　ἐπιλαμβάνεται 「というのは、確かに彼は天使たちに関心を持たず、ア
　ブラハムの子孫たちに関心を持っている」（ヘブ 2:16）

## 3.4. 心態辞：ἄν

　この小辞を訳すために、それ自体独立した語はありません。それが修飾す
る動詞の法によってその効果は変わります。一般的に ἄν は、「その場合には」
のように、特定の条件や状況に動詞を限定します。

## 4. 一般的な小辞の特別な用法

### 4.1. καί

新約聖書で、καί のさまざまな接続詞的、そして、副詞的用法には明らか
なセム語的影響が見いだされます（waw のシンタックス上の用法を参照し
てください）。このカテゴリーに属するものとして以下の用法が挙げられる
でしょう。

### 4.1.1. 逆説的 καί（「しかし」、「だが」）

ἐμβλέψατε εἰς τὰ πετεινὰ τοῦ οὐρανοῦ, ὅτι οὐ σπείρουσιν, οὐδὲ
θερίζουσιν, οὐδὲ συνάγουσιν εἰς ἀποθήκας, και ὁ πατὴρ ὑμῶν ὁ οὐράνιος
τρέφει αὐτά 「あなたたちは空の鳥たちを見なさい。なぜなら、それ
らは種蒔かず、刈り入れず、倉に集めない。しかし、あなたたちの天の
父はそれらを養っている」（マタ 6:26）

ἐζήτουν αὐτὸν κρατῆσαι, και ἐφοβήθησαν τὸν ὄχλον 「彼らは彼を捕ら
えようとした。だが、群衆を恐れた」（マコ 12:12a）

### 4.1.2. 結果を表す καί（「その結果」、「そうすれば」）

οὐδὲ καίουσιν λύχνον καὶ τιθέασιν αὐτὸν ὑπὸ τὸν μόδιον, ἀλλ᾽ ἐπὶ τὴν
λυχνίαν, και λάμπει πᾶσιν τοῖς ἐν τῇ οἰκίᾳ 「灯火を灯して、それを升

の下に置く者はいない。むしろ、燭台の上に（置く）。そうすれば、そ
れは家の中の全てのものを照らす」（マタ 5:15）

### 4.1.3. 説明的 καί（「つまり」）

οὕτως δὲ ἁμαρτάνοντες εἰς τοὺς ἀδελφοὺς <u>καὶ</u> τύπτοντες αὐτῶν τὴν
συνείδησιν ἀσθενοῦσαν εἰς Χριστὸν ἁμαρτάνετε 「このようにあなたた
ちが兄弟たちに対して罪を犯すとき、<u>つまり</u>、彼らのそれらを傷つける
ようにして良心が弱いとき、あなたたちはキリストに対して罪を犯すの
です」（I コリ 8:12）

ὁ δὲ θεὸς δίδωσιν αὐτῷ σῶμα καθὼς ἠθέλησεν, <u>καὶ</u> ἑκάστῳ τῶν
σπερμάτων ἴδιον σῶμα 「しかし、神は望んだようにそれに体を与えた。
<u>つまり</u>、それぞれの種にそれ自身の体を（与えた）」（I コリ 15:38）

### 4.1.4. 語りを表す καί（従属節の後に主節を導入するため。ヘブライ語 の帰結的 *waw* を参照してください）

ὅτε ἐπλήσθησαν ἡμέραι ὀκτὼ τοῦ περιτεμεῖν αὐτόν, <u>καὶ</u> ἐκλήθη τὸ ὄνομα
αὐτοῦ Ἰησοῦς 「彼に割礼を施すための 8 日目がたったとき、彼の名は
イエスと呼ばれた」（ルカ 2:21）

ὡς δὲ ἤγγισεν τῇ πύλῃ τῆς πόλεως, <u>καὶ</u> ἰδού, ἐξεκομίζετο τεθνηκώς, υἱὸς
μονογενὴς τῇ μητρὶ αὐτοῦ 「彼がまちの門に近づいたとき、見よ、亡

94

くなった人、その母の一人息子が担ぎ出されていた」（ルカ 7:12）

ἐάν τις ἀκούσῃ τῆς φωνῆς μου καὶ ἀνοίξῃ τὴν θύραν, καὶ εἰσελεύσομαι πρὸς αὐτόν 「誰かが私の声を聞き、戸を開けるなら、私は彼のもとへと入るだろう」（黙 3:20）

## 4.2. δέ

　ある節と別の節の間に一般的対照関係があるとき、それらを結ぶために、小辞 δέ はしばしば用いられます。また、会話の継続を示す単純な移行のための小辞として、あるいは、説明を導入するための文副詞として用いられることもあります。意図された意味を決定するには文脈が助けになるでしょう。

### 4.2.1. 逆説的意味の δέ（「だが」）

ὁ δὲ πνευματικὸς ἀνακρίνει μὲν πάντα, αὐτὸς δὲ ὑπ' οὐδενὸς ἀνακρίνεται 「霊的な人はすべてのことを裁く。だが、その人自身は何者からも裁かれない」（I コリ 2:15）

### 4.2.2. 進行的意味の δέ（「さて」、「さらに」）

οἴδαμεν δὲ ὅτι τοῖς ἀγαπῶσιν τὸν θεὸν πάντα συνεργεῖ εἰς ἀγαθόν 「さて、私たちは、神を愛する者たちにとってすべてのことが善へと共に働くということを知っています」（ロマ 8:28）

### 4.2.3. 説明的意味の δέ（「つまり」）

τί οὖν ἐροῦμεν; Ὅτι ἔθνη τὰ μὴ διώκοντα δικαιοσύνην, κατέλαβεν δικαιοσύνην, δικαιοσύνην δὲ τὴν ἐκ πίστεως; 「それでは私たちは何と言うでしょうか。義を求めなかった異邦人たちが義、つまり信仰を通しての義を得たのだと」（ロマ 9:30）

## 4.3. γάρ

　後置される小辞 γάρ は、次の場合には接続詞、あるいは、文副詞のように機能します。

(1) 先行する文で述べられることを正当化する理由を導入します（確認の意味）

(2) 先行する文で述べられることの説明を導入します（説明の意味）

(3) しばしば中断を挟めて、継続や繋がりを表します（連続の意味）

### 4.3.1. 確認の意味の γάρ（「なぜなら」、「ために」、「ので」）

τέξεται δὲ υἱόν, καὶ καλέσεις τὸ ὄνομα αὐτοῦ Ἰησοῦν· αὐτὸς γὰρ σώσει τὸν λαὸν αὐτοῦ ἀπὸ τῶν ἁμαρτιῶν αὐτῶν 「彼女は男の子を産む。そして、あなたはその名をイエスと名づけなさい。なぜなら、彼はその民を彼らの罪から救うことになるからだ」（マタ 1:21）

### 4.3.2. 説明の意味の γάρ （「というのは」）

ἔρχεται γυνὴ ἐκ τῆς Σαμαρείας ἀντλῆσαι ὕδωρ. λέγει αὐτῇ ὁ Ἰησοῦς· δός μοι πεῖν· οἱ γὰρ μαθηταὶ αὐτοῦ ἀπεληλύθεισαν εἰς τὴν πόλιν ἵνα τροφὰς ἀγοράσωσιν 「あるサマリアの女性が水を汲むために来た。イエスは彼女に言った、『私に水を飲ませてください』。というのは、彼の弟子たちは食べ物を買うためにまちへ行ってしまっていた」（ヨハ 4:7-8）

### 4.3.3. 連続の意味の γάρ （「そして、今」、「実際」、「しかし」）

Ἔτι γὰρ Χριστὸς ὄντων ἡμῶν ἀσθενῶν ἔτι κατὰ καιρὸν ὑπὲρ ἀσεβῶν ἀπέθανεν. μόλις γὰρ ὑπὲρ δικαίου τις ἀποθανεῖται· ὑπὲρ γὰρ τοῦ ἀγαθοῦ τάχα τις καὶ τολμᾷ ἀποθανεῖν· 「さて、キリストは、私たちがまだ弱かったころ、定められたときに、不信心な者たちのために死なれました。実際、正しい者のために死ぬ人はほとんどいません。しかし、ある人は善い人のために死のうとするかもしれません」（ロマ 5:6-7）

### 4.4. εἰ

疑問を表す小辞として εἰ は直接疑問、あるいは、間接疑問を導入するために用いられます。

εἶπεν δέ τις αὐτῷ· Κύριε, εἰ ὀλίγοι οἱ σῳζόμενοι; 「ある人が彼に言った、

『主よ、救われる人たちは少ないのですか』」（ルカ 13:23）


Πιλᾶτος δὲ ἀκούσας Γαλιλαίαν ἐπηρώτησεν εἰ ὁ ἄνθρωπος Γαλιλαῖός ἐστιν 「ピラトはガリラヤと聞いたので、この人はガリラヤ人なのかと尋ねた」（ルカ 23:6）


省略された呪い定式を伴う（ヘブライ的）誓い定式で、強調された否定を表すためにも用いられます。「もしこれが起これば、［神が私を撃ち殺しますように］」＝これが起こりませんように。


Τί ἡ γενεὰ αὕτη σημεῖον ἐπιζητεῖ; Ἀμὴν λέγω ὑμῖν, εἰ δοθήσεται τῇ γενεᾷ ταύτῃ σημεῖον 「なぜこの世代はしるしを求めるのだろう。確かに、私はあなたたちに言う。この世代にしるしが与えられれば、［神が私を撃ち殺しますように］＝［この世代に何らのしるしも与えられないように］」（マコ 8:12）


## 4.5. ἵνα

目的節（「～のために」）を導入する従属節としての主たる用法の他に、ἵνα は次の機能も果たします。


(1) 主動詞の主語、または、目的語として使われる名詞節を導入する

(2) 独立した望みや勧告を導入する

(3) 原因、あるいは、理由を導入する（ὅτι と同等）

### 4.5.1. ἵνα + 名詞節

ἀλλ' ἐγὼ τὴν ἀλήθειαν λέγω ὑμῖν· συμφέρει ὑμῖν ἵνα ἐγὼ ἀπέλθω 「しか
し、私はあなたたちに真実を言う。私が去っていくことはあなたたちの
益となる」（ヨハ 16:7）

### 4.5.2. 独立の望み、あるいは、勧告の ἵνα

ἕκαστος τὴν ἑαυτοῦ γυναῖκα οὕτως ἀγαπάτω ὡς ἑαυτόν· ἡ δὲ γυνὴ ἵνα
φοβῆται τὸν ἄνδρα 「あなたたちはそれぞれ、その妻を自分自身のよう
に愛しなさい。そして妻は夫を敬いなさい」（エフェ 5:33）

ἐντολὴν καινὴν δίδωμι ὑμῖν, ἵνα ἀγαπᾶτε ἀλλήλους 「私はあなたたちに
新しい掟を与える。あなたたちは互いに愛しなさい」（ヨハ 13:34）

### 4.5.3. ἵνα + 原因、あるいは、理由

ἐν παραβολαῖς τὰ πάντα γίνεται·
ἵνα βλέποντες βλέπωσιν, καὶ μὴ
ἴδωσιν· καὶ ἀκούοντες ἀκούωσιν,
καὶ μὴ συνιῶσιν
「すべてのことが譬えでなされる。
なぜなら、彼らは見ることで見る
が認めず、聞くことで聞くが理解

ἐν παραβολαῖς αὐτοῖς λαλῶ, ὅτι
βλέποντες οὐ βλέπουσιν, καὶ
ἀκούοντες οὐκ ἀκούουσιν, οὐδὲ
συνίουσιν
「私は彼らに譬えで話す。なぜな
ら、彼らは見ても見ず、聞いても
聞かず、理解もしないからだ」（マ

しないからだ」（マコ 4:11-12）　　　　タ 13:13）

## 4.6. ὅτι

従属接続詞 ὅτι は陳述、あるいは、理由の関係を2つの節に導入するために用いられます。

陳述の意味で用いられるとき（「〜ということを」）、ὅτι は主動詞の主語、または、目的語として使われる名詞節を導入します。

οἱ δὲ ἐλθόντες λέγουσιν αὐτῷ, Διδάσκαλε, οἴδαμεν ὅτι ἀληθὴς εἶ 「やって来た人々は彼に言った、『先生、私たちはあなたが真実な方だと知っています』」（マコ 12:14）

ὅτι δὲ ἐν νόμῳ οὐδεὶς δικαιοῦται παρὰ τῷ θεῷ, δῆλον 「誰も神の前で律法によって義とされないことは明らかです」（ガラ 3:11）

理由の意味で用いられるとき（「なぜなら、というのは」）、ὅτι は、なぜあることが起こったのか、あるいは、なぜある質問が訊ねられたのか、あるいは、なぜあることがそのように知られたのかを説明する副詞節を導入します。

καὶ διὰ τοῦτο ἐδίωκον τὸν Ἰησοῦν οἱ Ἰουδαῖοι, καὶ ἐζήτουν αὐτὸν ἀποκτεῖναι, ὅτι ταῦτα ἐποίει ἐν σαββάτῳ 「そして、このためにユダヤ人たちはイエスを迫害し、彼を殺そうと探し続けた。なぜなら、彼は安息日にこれらのことをしていたからだ」（ヨハ 5:16）

οἱ δὲ ἄνθρωποι ἐθαύμασαν, λέγοντες, Ποταπός ἐστιν οὗτος, ὅτι καὶ οἱ ἄνεμοι καὶ ἡ θάλασσα ὑπακούουσιν αὐτῷ;　「人々は驚いて、言った、『この人は一体どういう人なのか。なぜなら、風も湖も彼に従うのだから』」（マタ 8:27）

εἶπον οὖν οἱ Ἰουδαῖοι πρὸς ἑαυτούς, Ποῦ οὗτος μέλλει πορεύεσθαι ὅτι ἡμεῖς οὐχ εὑρήσομεν αὐτόν;　「そして、ユダヤ人たちは互いに言っていた、『私たちが彼を見つけられなくなるとは、この人はどこに行くつもりなのか』」（ヨハ 7:35）

λέγω σοι, ἀφέωνται αἱ ἁμαρτίαι αὐτῆς αἱ πολλαί, ὅτι ἠγάπησεν πολύ· ᾧ δὲ ὀλίγον ἀφίεται, ὀλίγον ἀγαπᾷ　「私はあなたに言う。彼女の多くの罪は赦された。なぜなら、彼女は多く愛したのだから。だが、少なく赦された者は少なく愛する」（ルカ 7:47）

# 第7章　前置詞

さらなる学習のために：

ABEL, *Grammaire*, 240-241; BEAL, G.K. – BRENDSEL, D. – ROSS, W.A., *An Interpretative Lexicon of the New Testament Greek. Analysis of Prepositions, Adverbs, Particles, Relative Pronouns, and Conjunctions* (Grand Rapids, MI 2014); BDF §§ 203-240; HARRIS, M.J., *Prepositions and Theology in the Greek New Testament: An Essential Reference Resource for Exegesis* (Grand Rapids, MI 2012); HOFFMANN – SIEBENTHAL, *Grammatik*, §§ 183-187; HUMBERT, *Syntaxe*, 298-344; MOULE, *Idiom-Book*, 48-92; MOULTON, *Prolegomena*, 98-107; MOULTON – TURNER, *Syntax*, 249-280; PORTER, *Idioms*, 139-180; ROBERTSON, *Grammar*, 553-649; SCHWYZER, *Grammatik*, 417-552; SMYTH, *Grammar*, §§ 1636-1702; THRALL, M., *Greek Particles in the New Testament* (NTTS 3; Leiden 1962); WALLACE, *Grammar*, 355-389; YOUNG, *Intermediate*, 85-104; ZERWICK, *Biblical Greek*, §§ 78-135.

## 1．総論的導入

　前置詞は前置詞句を形成するために（属格、与格、あるいは、対格の）名詞と結びついて用いられる不変化語です。ある場合に前置詞句は文中の名詞についてさらなる情報を与えます（形容詞的機能）。しかし、前置詞句はより一般的には副詞的機能をもちます。つまり、動詞によって意図される行為を何らかの形で修飾するか決定しますが、どこで、いつ、どのように、どのよ

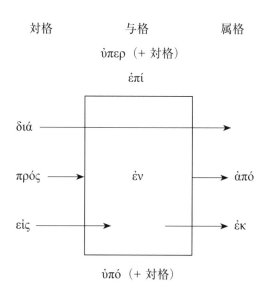

102

うな方法・様式で、誰と、などの問いに答えます。格が単純に伝達すること
を、一般的に前置詞句はより具体的で効果的に表現するために用いられます。

　場所・位置を表す前置詞は一般的に与格をとりますが、どこかに向かう移
動を表す前置詞は対格を取り、どこかからの移動を表す前置詞は属格を取り
ます。以下の図は、最も一般的な前置詞の、空間に関する機能を示しています。

| 対格 | 与格 | 属格 |

ὑπερ（＋対格）

ἐπί

διά

πρός　　　　　ἐν　　　　ἀπό

εἰς　　　　　　　　　　ἐκ

ὑπό（＋対格）

　次の例に見られるように、一般的に、場所・位置を表す前置詞は状態動詞
と共に用いられ、どこかに向かう移動、あるいは、どこからかの移動を表す
前置詞は移動の動詞の移動方向を表すために用いられます。

πᾶς ὁ ἐρχόμενος πρός με

ἐν τῇ συναγωγῇ ἦν ἄνθρωπος

ἀπελθεῖν ἀπὸ τῆς πόλεως

　しかし、ある場合には、場所・位置を表す前置詞が移動の動詞と共に用いられ、同様に、移動・方向を表す前置詞が状態動詞と共に用いられます。これらの場合、優勢なのは動詞の意味であって、それに応じて前置詞句の意味を調整する必要があります。以下の例を考察してください。

Ἐν ἀρχῇ ἦν ὁ λόγος, καὶ ὁ λόγος ἦν πρὸς τὸν θεόν, καὶ θεὸς ἦν ὁ λόγος
「初めにことばがあった。そして、ことばは神と共にあった。そして、ことばは神であった」（ヨハ 1:1）

καὶ ἤγετο ἐν τῷ πνεύματι ἐν τῇ ἐρήμῳ　「そして、彼は霊によって荒れ野へと導かれた」（ルカ 4:1）

ἦν δὲ ὁ Φίλιππος ἀπὸ Βηθσαϊδά　「フィリッポはベトサイダの出だった」（ヨハ 1:44）

　古典的用法と比較すると、新約聖書における前置詞の用法は、七十人訳、そして、ある場合にはヘレニズム時代の世俗的作品に見受けられるある傾向を示します。その傾向には次のものを含みます。
　・一般的に用いられる前置詞の数が減ります（17 から 7 へ）。
　・より明確にし、躍動的にするために前置詞を用いることが増えます。
例：λέγειν τινι の代わりに λέγειν πρός τινα
　・複数の格をとる前置詞の使用が簡易化します。例：ἐπί, παρά と πρός だけが、まだ属格・与格・対格と共に用いられています
　・似た意味の前置詞が緩やかに相互交換します。例：ἀπό（ἐκ と ὑπό の代

わりに）、ὑπέρ（ἀντί と περί の代わりに）、εἰς（πρός と ἐν の代わりに）

・ある副詞が非本来的な前置詞（improper prepositions）として使用されることが増えます（常に属格をとります）。

ἄχρι（「～まで」「～限り」）

ἔμπροσθεν（「～前に」）

ἕνεκεν（ἕνεκα）（「～ために」「～の理由で」）

ἐπάνω（「～をこえて」「～より上に」「～の上に」）

ἕως（「～まで」）

μεταξύ（「～の間に」「～の間で」）

ὄπισθεν（「～の後ろに」）

παρεκτός（「～の他に」「～以外に」）

πλήν（「～以外に」）

ὑποκάτω（「～の下で」「～の下に」）

χωρίς（「～の他に」「～以外に」）（後置詞）


・セム語的定式に似せ、体の一部（例：πρόσωπον, χείρ, στόμα）を示す名詞を用いた前置詞句が使われます。例：ἀπὸ προσώπου（cf. מִפְּנֵים）、ἐν χειρί（cf. בְּיַד）、διὰ στόματος（cf. בְּפִי）


## 2．1つの格だけを取る前置詞


## 2．1．属格と共に

**ἄνευ**　「～なしに（～の知識・同意なしに）」


**ἀντί**　「～の代わりに」

**ἀπό**　「～から」　文脈によって、場所（外側から。しばしば場所の ἐκ の代わりに使われます）、部分、離脱、起源、原因、行為者（cf. ὑπό）の意味になります。

κατ' ἐκεῖνον δὲ τὸν καιρὸν ἐπέβαλεν Ἡρῴδης ὁ βασιλεὺς τὰς χεῖρας κακῶσαί τινας τῶν ἀπὸ τῆς ἐκκλησίας 「そのとき、ヘロデ王は教会の中からある人々に迫害の手を伸ばした」（使 12:1）

καὶ ἀναστὰς ἀπὸ τῆς προσευχῆς, ἐλθὼν πρὸς τοὺς μαθητὰς εὗρεν κοιμωμένους αὐτοὺς ἀπὸ τῆς λύπης 「そして、彼は祈りから立ち上がり、弟子たちの方へと来ると、彼らが悲しみから眠っているのを見つけた」（ルカ 22:45）

καὶ οἱ ἐνοχλούμενοι ἀπὸ πνευμάτων ἀκαθάρτων, καὶ ἐθεραπεύοντο 「そして、汚れた霊たちに悩まされている人々は癒された」（ルカ 6:18）

**ἄτερ**　「～から」、「～なしに」

**ἐκ**　「～から」　文脈によって、離脱（内部から）、起源、源泉、原因、部分、内容（cf. 充満の属格）の意味になります。

καὶ ἰδοὺ, φωνὴ ἐκ τῶν οὐρανῶν, λέγουσα, Οὗτός ἐστιν ὁ υἱός μου ὁ ἀγαπητός, ἐν ᾧ εὐδόκησα 「そして、見よ、天からの声があり、言った、『この者は愛する私の子、彼において私は喜ぶ』」（マタ 3:17）

καὶ εἶπεν αὐτῷ Ναθαναήλ, ἐκ Ναζαρὲτ δύναταί τι ἀγαθὸν εἶναι; 「そして、ナタナエルは彼に言った、『ナザレから何か良いものが出うるのか』」（ヨハ 1:46）

καὶ ἐπεθύμει γεμίσαι τὴν κοιλίαν αὐτοῦ ἐκ τῶν κερατίων 「そして、彼は彼の腹をいなご豆で満たしたかった」（ルカ 15:16）

**πρό** 「～前に」 時間・場所的意味で用いられます。しばしば、非本来的な前置詞（＋属格）として用いられる副詞の代わりとして用いられます。例：ἔμπροσθεν, ἐνάντιον, ἐνώπιον, ἔναντι

ὅτι ἠγάπησάς με πρὸ καταβολῆς κόσμου 「なぜなら、世界の創造の前にあなたは私を愛した」（ヨハ 17:24）

ἦν ὁ Πέτρος κοιμώμενος μεταξὺ δύο στρατιωτῶν, δεδεμένος ἁλύσεσιν δυσίν· φύλακές τε πρὸ τῆς θύρας ἐτήρουν τὴν φυλακήν 「ペトロは2本の鎖で繋がれ、2人の兵士たちの間で眠っていた。そして、番兵たちは扉の前で牢獄を見張っていた」（使 12:6）

## 2.2. 与格と共に

**ἐν** 「～の中で」 場所的意味でたいてい用いられますが、しばしば、道具あるいは行為者（ヘブライ語 ב の用法）、随伴、関係、方法・時（「いつ」）の与格の用法のような意味を表す句として用いられます。

οἱ Φαρισαῖοι ἔλεγον, ἐν τῷ ἄρχοντι τῶν δαιμονίων ἐκβάλλει τὰ δαιμόνια

「ファリサイ派の人々は、『悪霊たちの<u>支配者によって</u>、彼は悪霊たちを
追い出している』と言っていた」（マタ 9:34）

λέγω ὑμῖν ὅτι ποιήσει τὴν ἐκδίκησιν αὐτῶν <u>ἐν τάχει</u>　「私はあなたたちに
言う、彼は<u>すぐに</u>彼らを裁かれるだろう」（ルカ 18:8）

ἰδόντες δὲ οἱ περὶ αὐτὸν τὸ ἐσόμενον εἶπαν· κύριε, εἰ πατάξομεν <u>ἐν
μαχαίρῃ</u>;　「彼の周りにいた人々は成り行きを見つつ、言った、『主よ、
私たちは<u>剣で</u>打ちつけましょうか』」（ルカ 22:49）

**σύν**　「〜と共に」　随伴を表すためにしばしば用いられます。古典ギリシ
ア語では随伴は「μετά ＋ 与格」で表されていました。


## 2.3. 対格と共に

**εἰς**　「〜の中へ」　方向の意味で用いられますが、時間の制限（「〜まで」
「〜で」）・継続（「〜の間」）、手段または道具、目的または結果、述語名詞
（predicate）の主格または述語名詞の対格（ヘブライ語の ל の用法）など、
さまざまな構文で用いられます。

οἵτινες πληρωθήσονται <u>εἰς τὸν καιρὸν αὐτῶν</u>　「それらの［固有の］<u>時に</u>実現
されるだろう［私の言葉を］」（ルカ 1:20）

ἐλάβετε τὸν νόμον <u>εἰς διαταγὰς ἀγγέλων</u>, καὶ οὐκ ἐφυλάξατε　「あなたたちは
<u>天使たちの布告を通して</u>律法を受けたが守らなかった」（使 7:53）

ὁ υἱὸς τοῦ ἀνθρώπου παραδίδοται εἰς τὸ σταυρωθῆναι　「人の子は十字架につ
けられるために引き渡される」（マタ 26:2）

Λίθον ὃν ἀπεδοκίμασαν οἱ οἰκοδομοῦντες, οὗτος ἐγενήθη εἰς κεφαλὴν γωνίας
「建築家たちが捨てた石、それが隅の要石となった」（マタ 21:42）

## 3．2つの格を取る前置詞

### 3．1．διά

**属格と共に**：「～を通して」　文脈によって、場所、時間、道具・行為者の
意味になります。

> διὰ τῶν κεράμων καθῆκαν αὐτὸν σὺν τῷ κλινιδίῳ εἰς τὸ μέσον ἔμπροσθεν
> τοῦ Ἰησοῦ　「彼らは屋根タイルを通して（はがして）、彼を床と共に
> イエスの前へと吊り下ろした」（ルカ 5:19）

> Ἐπιστάτα, δι᾽ ὅλης νυκτὸς κοπιάσαντες οὐδὲν ἐλάβομεν　「先生、私たち
> は夜中じゅう苦労しましたが、何も捕らなかったのです」（ルカ 5:5）

> οὐδεὶς ἔρχεται πρὸς τὸν πατέρα, εἰ μὴ δι᾽ ἐμοῦ　「私を通してでなければ、
> 誰も父へと行けない」（ヨハ 14:6）

**対格と共に**：「～という理由で」、「～のために」、「～のゆえに」

> Ἰησοῦς εἶπεν, Οὐ δι᾽ ἐμὲ ἡ φωνὴ αὕτη γέγονεν, ἀλλὰ δι᾽ ὑμᾶς　「イエス

は言った、『この声は私のために起こったのではなく、あなたたちのた
め<u>だ</u>』」（ヨハ 12:30）

καὶ ἔσεσθε μισούμενοι ὑπὸ πάντων διὰ τὸ ὄνομά μου　「そして、あなた
たちは<u>私の名のために</u>すべての人々に憎まれるだろう」（マタ 10:22）

## 3.2. κατά

**属格と共に**：「〜から下へ」、「〜に反して」、「〜で」（誓約の場合）

καὶ ὥρμησεν ἡ ἀγέλη κατὰ τοῦ κρημνοῦ εἰς τὴν θάλασσαν　「そして、群
れは<u>崖から</u>海へとなだれ込んだ」（マコ 5:13）

ὅταν στήκετε προσευχόμενοι, ἀφίετε εἴ τι ἔχετε κατά τινος　「あなたた
ちが立って祈るときに、<u>誰かに対して</u>何かあれば赦しなさい」（マコ
11:25）

**対格と共に**：「〜によれば」　文脈によって、空間あるいは幅のある時間
（「〜を通して」「〜に沿って」「〜を超えて」）、方向（「〜へ」「〜に向けて」
「〜まで」）、目標・目的（「〜のために」）、関係（「〜に関係して」「〜に関連
して」）の意味になります。

καὶ ἀπῆλθεν, <u>καθ' ὅλην τὴν πόλιν</u> κηρύσσων ὅσα ἐποίησεν αὐτῷ ὁ
Ἰησοῦς　「そして、彼は立ち去って、イエスが彼のためにしたことを<u>ま
ちじゅうに</u>宣べ伝えた」（ルカ 8:39）

κατὰ δὲ τὸ μεσονύκτιον Παῦλος καὶ Σιλᾶς προσευχόμενοι ὕμνουν τὸν θεόν 「真夜中ごろに、パウロとシラスは祈りつつ神への賛美の歌を歌っていた」（使 16:25）

κατὰ δὲ ἑορτὴν ἀπέλυεν αὐτοῖς ἕνα δέσμιον 「祭りごとに、彼は彼らに囚人の1人を解放していた」（マコ 15:6）

κατὰ τὴν πίστιν ὑμῶν γενηθήτω 「あなたたちが信じるようにそれがなるように」（マタ 9:29）

### 3. 3. μετά

**属格と共に**：「～と共に」 随伴あるいは参加の意味で用いられます。

κατέβη μετ' αὐτῶν, καὶ ἦλθεν εἰς Ναζαρέτ 「彼は彼らと共に下り、そしてナザレに来た」（ルカ 2:51）

ἐξελθοῦσαι ταχὺ ἀπὸ τοῦ μνημείου μετὰ φόβου καὶ χαρᾶς μεγάλης 「彼女たちは恐れと大いなる喜びと共に墓から急いで出て行った」（マタ 28:8）

**対格と共に**：「～の後に」 時間的意味で用いられます。

ὑμεῖς δὲ βαπτισθήσεσθε ἐν πνεύματι ἁγίῳ οὐ μετὰ πολλὰς ταύτας ἡμέρας 「多くの日々の後でないうちに（まもなく）、あなたたちは聖霊によって洗礼を受けるだろう」（使 1:5）

### 3.4. περί

**属格と共に**：「〜について」、「〜に関して」（思考や話の内容）

ἐπίστευσαν τῷ Φιλίππῳ εὐαγγελιζομένῳ περὶ τῆς βασιλείας τοῦ θεοῦ
「フィリッポが神の国について告げることを彼らは信じた」（使8:12）

ἐγὼ περὶ αὐτῶν ἐρωτῶ· οὐ περὶ τοῦ κόσμου ἐρωτῶ　「私は彼らのため
に祈る。私はこの世のために祈るのではない」（ヨハ17:9）

**対格と共に**：「〜の周りで」（場所）、「約〜」（時間）、「〜について」（行
為・活動の内容）

ἰδὼν ὁ Ἰησοῦς πολλοὺς ὄχλον περὶ αὐτὸν, ἐκέλευσεν ἀπελθεῖν εἰς τὸ
πέραν　「イエスは彼の周りにいる多くの群衆を見て、対岸へ行くよう
に命じた」（マタ8:18）

ἡ δὲ Μάρθα περιεσπᾶτο περὶ πολλὴν διακονίαν　「マルタは多くの奉仕で
忙しくしていた」（ルカ10:40）

### 3.5. ὑπέρ

**属格と共に**：「〜の代わりに」、「〜のために」

προσεύχεσθε ὑπὲρ τῶν διωκόντων ὑμᾶς　「あなたたちはあなたたちを迫
害する人々のために祈れ」（マタ5:44）

対格と共に：「〜の向こうに」、「〜を超えて」、「〜の上に」

οὐκέτι ὡς δοῦλον, ἀλλ᾽ ὑπὲρ δοῦλον, ἀδελφὸν ἀγαπητόν 「彼はもはや奴隷としてではなく、奴隷以上の者、愛する兄弟［です］」（フィレ 16）

## ３.６. ὑπό

属格と共に：「〜によって」（しばしば ἀπό の代わりに受動態動詞の行為者を表す）

πάντα μοι παρεδόθη ὑπὸ τοῦ πατρός μου 「全てのことは私の父によって私に任せられている」（マタ 11:27）

対格と共に：「〜下に」（空間）

οὐδὲ καίουσιν λύχνον καὶ τιθέασιν αὐτὸν ὑπὸ τὸν μόδιον 「誰もランプを灯して升の下にそれを置かない」（マタ 5:15）

## ４．３つの格を取る前置詞

## ４.１. ἐπί

属格と共に：「〜の上に、〜の上へ」（空間）、「〜に」（時間）、「〜の前で」（人と共に）、「〜（上）を」（権威）

γενηθήτω τὸ θέλημά σου, ὡς ἐν οὐρανῷ, καὶ ἐπὶ τῆς γῆς 「あなたの意志

がそうなりますように、天におけるように地上でも」（マタ 6:10）

καὶ εἰς συναγωγὰς δαρήσεσθε, καὶ ἐπὶ ἡγεμόνων καὶ βασιλέων σταθήσεσθε ἕνεκεν ἐμοῦ 「そして、あなたたちは会堂で打たれるだろう。また、私のために総督たちや王たちの前に立たされるだろう」（マコ 13:9）

ἀνὴρ Αἰθίοψ εὐνοῦχος δυνάστης Κανδάκης βασιλίσσης Αἰθιόπων, ὃς ἦν ἐπὶ πάσης τῆς γάζης αὐτῆς 「彼女（カンダケ）の全財産の上にいた（管理をしていた）、エチオピアの男、エチオピア女王カンダケの宦官が」（使 8:27）

**与格と共に**：「～の上へ」（空間）、「～（上）を」（権威）、「～に基づいて」（事実や行為の基礎や理由を示すために）

ὅταν ἴδητε πάντα ταῦτα, γινώσκετε ὅτι ἐγγύς ἐστιν ἐπὶ θύραις 「あなたたちはこれらのこと全てを見たら、彼が門に近いことを知れ」（マタ 24:33）

ἐπὶ πᾶσιν τοῖς ὑπάρχουσιν αὐτοῦ καταστήσει αὐτόν 「彼は彼に彼のすべての財産を管理させるだろう」（ルカ 12:44）

ἐπὶ δὲ τῷ ῥήματί σου χαλάσω τὸ δίκτυον 「あなたの言葉なので（あなたの言葉の権威に基づいて）、私は網を降ろしましょう」（ルカ 5:5）

**対格と共に**：「～の上に、～を通って」（空間）、「～に」（時間）、「～（上）

を」（権威）、「〜に、〜のために」（意向や目的を示すために）

οὐδὲ καίουσιν λύχνον καὶ τιθέασιν αὐτὸν ὑπὸ τὸν μόδιον, ἀλλ᾽ ἐπὶ τὴν λυχνίαν　「誰もランプを灯して升の下にそれを置かない。むしろ、燭台の上に［置く］」（マタ 5:15）

ὁ δὲ Ἰησοῦς [...] εἶπεν, σπλαγχνίζομαι ἐπὶ τὸν ὄχλον　「イエスは…言った、『私は群衆に憐れみを感じる』」（マタ 15:32）

Πέτρος καὶ Ἰωάννης ἀνέβαινον εἰς τὸ ἱερὸν ἐπὶ τὴν ὥραν τῆς προσευχῆς 「ペトロとヨハネが祈りの時間に神殿へと上って行った」（使 3:1）

καὶ βασιλεύσει ἐπὶ τὸν οἶκον Ἰακὼβ εἰς τοὺς αἰῶνας　「そして、彼はヤコブの家を永遠に治めるだろう」（ルカ 1:33）

## 4.2. παρά

**属格と共に**：「〜（の元）から」

πεπιστεύκατε ὅτι ἐγὼ παρὰ τοῦ θεοῦ ἐξῆλθον　「私が神の元から来たことをあなたたちは信じてしまっている」（ヨハ 16:27）

**与格と共に**：「〜のかたわらで」、「〜の前で」、「〜の近くで」、「〜のそばで」

εἱστήκεισαν δὲ παρὰ τῷ σταυρῷ τοῦ Ἰησοῦ ἡ μήτηρ αὐτοῦ, καὶ ἡ ἀδελφὴ τῆς μητρὸς αὐτοῦ　「イエスの十字架のそばに彼の母と彼の母の姉妹が

立っていた」（ヨハ 19:25）

οὐ γὰρ οἱ ἀκροαταὶ τοῦ νόμου δίκαιοι παρὰ τῷ θεῷ　「というのは、律法を聞く者たちは<u>神の前で</u>正しくないからです」（ロマ 2:13）

**対格と共に**：「〜に沿って」、「〜に反して」、「〜の他に」

καὶ ἐν τῷ σπείρειν αὐτὸν, ἃ μὲν ἔπεσεν παρὰ τὴν ὁδόν　「そして、彼が蒔いているときに、あるものは<u>道に沿って</u>（道端に）落ちた」（マタ 13:4）

αἳ θήλειαι αὐτῶν μετήλλαξαν τὴν φυσικὴν χρῆσιν εἰς τὴν παρὰ φύσιν　「女性たちはその自然の諸関係を<u>自然に反する</u>ものへと変えた」（ロマ 1:26）

ἐὰν ἡμεῖς ἢ ἄγγελος ἐξ οὐρανοῦ εὐαγγελίζηται ὑμῖν παρ' ὃ εὐηγγελισάμεθα ὑμῖν, ἀνάθεμα ἔστω　「私たちがあなたたちに告げた<u>ことに反して</u>、たとえ私たち、あるいは、天からの使いがあなたたちに告げるのならば、彼らは呪われよ」（ガラ 1:8）

## 4.3. πρός

**属格と共に**：「〜のそばに」、「〜のために」

διὸ παρακαλῶ ὑμᾶς μεταλαβεῖν τροφῆς· τοῦτο γὰρ <u>πρὸς τῆς ὑμετέρας σωτηρίας</u> ὑπάρχει　「それゆえ、私はあなたたちが何か食べ物を摂るよ

う主張します。というのは、このことはあなたたちの救いのためになるからです」（使 27:34）

**与格と共に**：「〜の近くに」、「〜に」、「〜のそばに」

ἦν δὲ ἐκεῖ πρὸς τῷ ὄρει ἀγέλη χοίρων μεγάλη 「そこの丘の上に豚の大群がいた」（マコ 5:11）

**対格と共に**：「〜へ」（移動、送ること、話すことに関する動詞と共に）、「〜近くに、〜に、〜のそばに」（場所）、「〜のために」（目的、または、結果を表すために）、「〜に関して」、「〜に従って」

δεῦτε πρός με πάντες οἱ κοπιῶντες καὶ πεφορτισμένοι, κἀγὼ ἀναπαύσω ὑμᾶς 「すべての疲れた者たちと重荷を負う者たちは私の元に来なさい。私があなたたちを休ませよう」（マタ 11:28）

ἐν ἀρχῇ ἦν ὁ λόγος, καὶ ὁ λόγος ἦν πρὸς τὸν θεόν, καὶ θεὸς ἦν ὁ λόγος 「初めにことばがあった。そして、ことばは神と共にあった。そして、ことばは神であった」（ヨハ 1:1）

προσέχετε τὴν ἐλεημοσύνην ὑμῶν μὴ ποιεῖν ἔμπροσθεν τῶν ἀνθρώπων, πρὸς τὸ θεαθῆναι 「見られるために、人々の前であなたたちの施しをしないように注意しなさい」（マタ 6:1）

ἑκάστῳ δὲ δίδοται ἡ φανέρωσις τοῦ πνεύματος πρὸς τὸ συμφέρον 「霊の現れは善へと向かわしめるためそれぞれに与えられる」（I コリ 12:7）

# 第8章　条件文

さらなる学習のために：

ABEL, *Grammaire*, 287-290; ARMITAGE, D.J., "An Exploration of Conditional Clause Exegesis with Reference to Galatians 1,8-9", *Bib* 88 (2007) 365-392; BDF §§ 360, 371-376, 454, 417; BOYER, J.L., "First Class Conditions What do they mean?", *GTJ* 2 (1981) 75-114; IDEM, "Second Class Conditions in New Testament Greek", *GTJ* 3 (1982) 81-88; IDEM, "Third (and Fourth) Class Conditions in New Testament Greek", *GTJ* 3 (1982) 163-175; IDEM, "Other Conditional Elements in New Testament Greek", *GTJ* 4 (1983) 173-188; DENNISTON, J.D. *The Greek Particles* (Oxford ²1954); HOFFMANN – SIEBENTHAL, *Grammatik*, §§ 280-285; HUMBERT, *Syntaxe*, 219-225; MOULE, *Idiom-Book*, 148-152; MOULTON – TURNER, *Syntax*, 113-116; PORTER, *Idioms*, 254-267; ROBERTSON, *Grammar*, 1004-1027; SCHWYZER, *Grammatik*, 682-688; SMYTH, *Grammar*, §§ 2280-2368; WALLACE, *Grammar*, 679-712; YOUNG, *Intermediate*, 225-230; ZERWICK, *Biblical Greek*, §§ 299-334.

## 1．総論的導入

　条件文は条件節（protasis）と帰結節（apodosis）の２つの節からなる複文です。条件節(protasis)の名称は、「前に伸ばしている」や「前に置かれたもの」（論理では前提［premise］）を意味する πρότασις から取られたものです。条件文で、条件節は想像や仮定されたケース（もし A が…）を表す従属節です。

他方、帰結節（apodosis）は「返却すること、返還」を意味する ἀπόδοσις からその名称を与えられています。条件文で、帰結節はその条件が成就あるいは現実化したときに続く結果（そうであれば B）を述べる主節です。条件節は帰結節の前にも後にも置くことができ、意味は変わりません。

もし今日雨が降れば（条件節）、彼らは学校には行かないだろう（帰結節）。
彼らは学校に行かないだろう（帰結節）、もし今日雨が降ったら（条件節）。

条件節は構想されたり想像されたりした可能性を表す従属節なので、その否定には μή を使います。条件節が真実だという仮定が事実な場合の結論を述べるのが主節なので、帰結節の否定には οὐ を使います。

表現される条件のタイプによって、条件文は次のように分類されます[1]。

(1) 未来における蓋然の、あるいは、可能な出来事
(2) 現在における 1 回の、あるいは、一般的な出来事
(3) 現在、または、過去における真実として知られることに反する、事実とは異なる出来事

6 つの条件文のタイプが最も一般的で、それぞれ条件節と帰結節の定式を持っています。

---

1) 古典ギリシア語における条件文をどのようにすれば最善に分類できるのかについて長年の議論があります。ある学者たちは、ἐάν と εἰ の使用と、法と時称の選択など、形式的特徴だけの綿密な分析から現れる固有の範疇を維持します。他の学者たちは、形式的特徴の分析から始め、表現された条件のタイプ（例：固有か一般、現在か未来）や条件節と帰結節の論理的接合といった、総合的な意味の問題をより考察します。

1.1.　未来におけるより生き生きとした条件文

1.2.　未来におけるあまり生き生きとしていない条件文

2.1.　現在における単純条件文

2.2.　現在における一般条件文

3.1.　現在における事実に反する条件文

3.2.　過去における事実に反する条件文

　それぞれの条件文のタイプに応じた（動詞「する」を使った）翻訳定式を提示します。これらの定式は表現される条件がどのように理解されるべきかを明らかにします。しかし、条件文の1つのタイプの条件節が他のタイプの帰結節と結びついていることがしばしばあり、それらは混合条件文となります。このような場合には、条件文のあるタイプの条件節の翻訳定式と、他のタイプの帰結節の翻訳定式を結びます。

## 2．未来条件文

　未来の条件は実現するかどうかの仮定を示します。未来の条件には主に2つの様式があり、未来のより生き生きとした条件と、あまり生き生きとしていない条件です。その違いは話し手が条件をどのように見ているかによります。未来のより生き生きとした条件文では、起ころうとしていることとして、話し手が心の中で生き生き、はっきりと見ていることを条件節で表現しています。他方、未来のあまり生き生きとしていない条件文では、話し手がただ漠然と不明瞭に見ていることを起こりうることとして条件節で語ります。

## 2.1. 未来のより生き生きした条件文

条件節：ἐάν（「もし」）＋接続法（現在、または、アオリスト）

帰結節：直説法未来（または同等のもの）

翻訳の定式：するならば／するだろう（does / will do）

ἐὰν ὁ θεὸς ἄγγελον πέμπῃ（πέμψῃ）, τοὺς λόγους αὐτοῦ πιστεύσουσιν

「もし神が御使いを送るならば、彼らは彼の言葉を信じるだろう」

　未来のより生き生きとした条件文の条件節は、話し手が考えていることが未来にほぼ起こるだろうと仮定し、帰結節は仮定したことが実現したときの結論を導きます。条件節において、接続法現在かアオリストかの選択は、思い描かれた行為に対する話し手のアスペクトによります。帰結節における動詞は、通常、直説法未来ですが、未来を指し示すあらゆる単文によって表現されます（例：命令法で表現された命令）。ἐάν（＝ εἰ ＋ ἄν）を伴った規則的な定式に加えて、条件節は関係代名詞 ＋ ἄν の形式で導入されます。

ὃν ἄν ὁ θεὸς πέμπῃ, ἐκεῖνος πιστευθήσεται　「神が送る者は誰でも（もし神が誰かを送れば）、その者は信じられるだろう」

## 2.2. 未来のあまり生き生きとしていない条件文

条件節：εἰ（「もし」）＋希求法（現在、または、アオリスト）

帰結節：希求法（現在、または、アオリスト）＋ ἄν

翻訳の定式：するならば／するだろう（should do / would do）

εἰ ὁ θεὸς ἄγγελον πέμποι（πέμψαι）, τοὺς λόγους αὐτοῦ πιστεύοιεν（πιστεύσαιεν）ἄν　「もし神が御使いを送るならば、彼らは彼の言葉を信じるだろう」

　未来のあまり生き生きとしていない条件文の条件節は、未来で実現するか
もしれないし、実現しないかもしれないことを仮定します。条件節と帰結節
の両者において、希求法現在かアオリストかの選択は、思い描かれた行為に
対する話し手のアスペクトによります。モーダル小辞 ἄν は帰結節の定式の
必須部分ですが、別途に翻訳されません。(εἰ を伴った)規則的な定式に加え、
条件節は関係代名詞の形式でも導入されます。

　　　　ὃν ὁ θεὸς πέμποι (πέμψαι), ἐκεῖνος πιστεύοιτο (πιστευθείη) ἄν　「神
　　　　が送る者は誰でも (もし神が誰かを送れば)、その者は信じられる
　　　　だろう」

## 3．現在条件文：単純、一般

　単純条件は特定の時に起こる特定の1つの行為、あるいは、いくつかの行
為を指し示します。一般的条件はどんな時にでも起こりうる一連の行為のう
ちのいずれかを指し示します。

## 3．1．現在単純条件文

　　　条件節：εἰ (「もし」) ＋ 直説法現在
　　　帰結節：直説法現在 (または同等のもの)
　　　翻訳の定式：するならば／する (does / does)
　　　　　εἰ ὁ θεὸς ἄγγελον πέμπει, πιστεύουσιν τοὺς λόγους αὐτοῦ　「もし神
　　　　　が御使いを送るならば、彼らは彼の言葉を信じる」

単純条件文の条件節は単純な仮定を、（仮定されていることが事実なのかどうかではなく）その仮定条件が事実たりうることを強調しながら述べます。条件は「現実的なケース」と考えられています。帰結節は一般的には直説法ですが、思念を表すのに適した他の単文の形式をも持ちえます。条件節は関係代名詞の形式でも導入されます。

ὃν ὁ θεὸς πέμπει, πιστεύουσιν τοὺς λόγους αὐτοῦ 「神が送る者は誰でも（もし神が誰かを送れば）、彼らは彼の言葉を信じる」

## 3.2. 現在一般条件文

条件節：ἐάν（「もし」）＋接続法（現在、または、アオリスト）

帰結節：直説法現在

翻訳の定式：（いつでも）するならば／（いつも）する（[ever] does / [always] does）

ἐὰν ὁ θεὸς ἄγγελον πέμπῃ (πέμψῃ), τοὺς λόγους αὐτοῦ πιστεύουσιν 「神が御使いを（いつでも）送るならば、彼らは彼の言葉を信じる」

一般条件文の条件節は未来において起こるかもしれないことを仮定します。帰結節は一般的規則として（いつも）続く結果を述べ、条件節は「するならばいつでも」や「いつでも」といったニュアンスをもちます。条件節において、直説法現在かアオリストかの選択は、思い描かれた行為に対する話し手のアスペクトによります。条件節の形式は未来のより生き生きした条件文（ἐάν＋接続法）と同じですが、帰結節で直説法現在が使われる点で異なります。条件節は関係代名詞＋ἄν の形式で導入されます。

ὃν ἄν ὁ θεὸς πέμπῃ, ἐκεῖνος πιστεύεται 「神が送る者は誰でも（神が誰かを送ればいつも）、その者は（いつも）信じられる」

## 4．反実仮想（非現実）の条件文

　反実仮想の条件文で、条件節は現実として知られていることと反対の事柄を想定します。帰結節では、話し手は、もしその条件が実現する、あるいは、実現していれば起こる、あるいは、起こっていたであろうことを述べます。

### 4．1．現在の反実仮想条件文

　　条件節：εἰ（「もし」）＋直説法半過去

　　帰結節：直説法半過去 ＋ ἄν

　　翻訳の定式：するならば／するのに（were doing / would be doing）

　　　εἰ ὁ θεὸς ἄγγελον ἔπεμπεν, τοὺς λόγους αὐτοῦ ἐπίστευον ἄν 「もし神が御使いを送るならば［だが、そうしない］、彼らは彼の言葉を信じるのに」

　現在の反実仮想条件文の条件節は、話し手が現在において真実ではないと知っている何事かについて仮定し、帰結節は非事実的な仮定に基づいた帰結を引き出しています。このタイプの条件文では、直説法が非事実的な行為や状態を描写するために用いられます。条件節は関係代名詞の形式でも導入されます。

　　　ὃν ὁ θεὸς ἔπεμπεν, ἐκεῖνος ἐπιστεύετο ἄν 「もし神が誰かを送るならば［だが、そうしない］、その者は信じられるのに」

### 4.2. 過去の反実仮想条件文

条件節：εἰ（「もし」）+ 直説法アオリスト

帰結節：直説法アオリスト + ἄν

翻訳の定式：していたならば／していただろうに（had done / would have done）

> εἰ ὁ θεὸς ἄγγελον ἔπεμψεν, τοὺς λόγους αὐτοῦ ἐπίστευσαν ἄν 「もし神が御使いを送っていたならば［だが、そうしなかった］、彼らは彼の言葉を信じていただろうに」

　過去の反実仮想条件文の条件節は、話し手が過去において真実ではないと知っている何事かについて仮定し、帰結節は非事実的な仮定に基づいた帰結を引き出しています。このタイプの条件文では、直説法が非事実的な行為や状態を描写するために用いられています。条件節は関係代名詞の形式でも導入されます。

> ὃν ὁ θεὸς ἔπεμψεν, ἐκεῖνος ἐπιστεύθη ἄν 「神が誰かを送っていたならば［だが、そうしなかった］、その者は信じられていただろうに」

## 条件文のまとめ

### 未来の生き生きした条件文

条件節：ἐάν + 接続法　　　　　帰結節：直説法未来

　　　「するならば」（does）　　　　　　「するだろう」（will do）

ἐὰν ἀγαπᾶτέ με, τὰς ἐντολὰς τὰς ἐμὰς τηρήσετε 「もしあなたたちが私
を愛しているならば、私の掟を守るだろう」（ヨハ 14:15）

## 未来のあまり生き生きしていない条件文

条件節：εἰ ＋ 希求法　　　　　　帰結節：希求法 ＋ ἄν

　　「するならば」(should do)　　　　「するだろう」(would do)

　このタイプの条件文の明確な例は新約聖書には見つけられませんが、Ｉ ペ
ト 3:14 は例外と考えられます。εἰ καὶ πάσχοιτε διὰ δικαιοσύνην, μακάριοι
（もしあなたたちが義のために苦しんでいるならば、祝福されて［いるのだ
ろう]）。

## 現在単純条件文

条件節：εἰ ＋ 直説法　　　　　　帰結節：直説法

　　「するならば」(does)　　　　　　「する」(does)

　εἰ δὲ πνεύματι ἄγεσθε, οὐκ ἐστὲ ὑπὸ νόμον 「もしあなたたちが霊によっ
て導かれているならば、律法のもとにはいない」（ガラ 5:18）

## 現在一般条件文

条件節：ἐάν ＋ 接続法　　　　　　帰結節：直説法現在

　　「するならば」(does)　　　　　　「する」(does)

　ἐὰν μὴ ὁ κόκκος τοῦ σίτου πεσὼν εἰς τὴν γῆν ἀποθάνῃ, αὐτὸς μόνος
μένει· ἐὰν δὲ ἀποθάνῃ, πολὺν καρπὸν φέρει 「もし麦の穀粒が地へと落
ちて死ななければ、それはそのままに残る。しかし、死ねば、多くの実

りをもたらす」（ヨハ 12:24）

## 現在反実仮想条件文

条件節：εἰ + 直説法半過去　　　　帰結節：直説法半過去 + ἄν
　　「するならば」(were doing)　　　　「するのに」(would be doing)

εἰ ἐκ τοῦ κόσμου τούτου ἦν ἡ βασιλεία ἡ ἐμή, οἱ ὑπηρέται ἂν οἱ ἐμοὶ
ἠγωνίζοντο　「もし私の王国がこの世に属するならば、私の僕たちが戦っ
ているだろうに」（ヨハ 18:36）

## 過去反実仮想条件文

条件節：εἰ + 直説法アオリスト　　帰結節：直説法アオリスト + ἄν
　　「していたならば」(had done)　　　「していただろうに」(would have done)

εἰ ἐν Τύρῳ καὶ Σιδῶνι ἐγένοντο αἱ δυνάμεις αἱ γενόμεναι ἐν ὑμῖν, πάλαι
ἂν ἐν σάκκῳ καὶ σποδῷ μετενόησαν　「もしあなたたちのところで起
こった力あるわざがティルスやシドンで行われていたならば、人々はと
うに粗布と灰をまとって回心していただろうに」（マタ 11:21）

# 第9章 新約聖書ギリシア語へのセム語的影響

さらなる学習のために：

BLACK, M., *An Aramaic Approach to the Gospels and Acts* (Oxford 31967); BDF §§ 4 *et passim*; MOULE, *Idiom-Book*, 171-191; MOULTON, *Prolegomena*, 10-19; MOULTON – HOWARD, *Accidence and Word Formation*, 412-485; ROBERTSON, *Grammar*, 88-108; SILVA, M., "Bilingualism and the Character of New Testament Greek", *Bib* 69 (1980) 198-219; WILCOX, M., «Semitism in the New testament», *ANRW* II.25.2 (1984) 978-1029; ZERWICK, *Biblical Greek*, §§ 480-494 *et passim*.

## 1．一般的導入

ギリシア語としては一般的ではありませんが、新約聖書諸文書は、対応するヘブライ語とアラマイ語の表現によく似た様々な語、句、文法的構造を含んでいます。これらの特徴を「セミティズム（Semitisms）」と呼びますが、当時のユダヤ的・キリスト教的著者たちのギリシア語に対するセム語の影響を反映しています。新約聖書のいくつかのセミティズムは七十人訳的（Septuagintisms）として見做しえますが、七十人訳のテキストの明確な引用部分、あるいは、新約聖書の著者が七十人訳で共通して用いられる表現や定式を意図的に真似ている部分に、それらが見受けられるからです。「聖書的ギリシア語」の諸々の例に加えて、新約聖書のいくつかのセミティズムは、新約聖書著者たちの世俗的［popular］（通俗な［vulgar］）ギリシア語へ

の、話し言葉アラマイ語の影響の現れです。この現象は言語的干渉（linguistic inference）と呼ばれます。あるケースでは、新約聖書のテキストにおけるセム語の語彙・表現の高度な集中は、もともとアラマイ語で書かれた基礎資料への著者の依存を示すのかもしれません。

## 2．格の用法

### 2．1．懸垂主格（Pendent Nominative）

懸垂主格は破格構文（anacoluthon）の1つです（つまり、文法上、文が壊れている）。これは、主格の名詞が宙ぶらりんのまま、後続する文の動詞の主語以外の人やものをメイントピックとして指定しています。このような表現は文法的ではなくとも、普段の会話ではとてもよく起こることです。例えば、「広場に立っているあの男は、私はミラノで3年前に彼と出会った」というようにです。通俗なギリシア語に並行要素がなくはないものの、セム語的構造に対応するために懸垂主格はしばしば用いられます。その結果、新約聖書における懸垂主格のいくつかの用法は七十人訳的だと見られますし、他のあるものは新約聖書の著者たちの話し言葉スタイルへの、セム語的構造の影響を反映していると考えられます。

ὁ γὰρ Μωϋσῆς οὗτος, ὃς ἐξήγαγεν ἡμᾶς ἐκ γῆς Αἰγύπτου, οὐκ οἴδαμεν τί ἐγένετο αὐτῷ 「というのは、あなたたちをエジプトの地から導き出したこのモーセは、彼に何が起こったのか私たちは知らないからです」（使 7:40; cf. 出エ 32:23［七十人訳］）

ὁ θέλων σοι κριθῆναι καὶ τὸν χιτῶνά σου λαβεῖν, ἄφες αὐτῷ καὶ τὸ

ἱμάτιον　「あなたを訴えて、あなたの肌着を取ろうとする者は、あなた
は彼に上着をも与えなさい」（マタ 5:40 ベゼ写本 D）

## ２．２．ヘブライ語的属格（Hebrew Genitive）（質の属格 [Genitive of Quality]、形容詞的属格 [Adjectival Genitive]）

　ヘブライ語的属格は別の名詞（支配する名詞 [*nomen regens*]）の質や属
性を表すための属格の用法です。属格のこの用法は単純な形容詞の用法に近
似します。特に、新約聖書において、ギリシア語を話す人々が通常は形容詞
を使うところでこの使用が頻出することはセム語の影響に帰せるでしょう。
通常、セム語で属性や性質は形容詞ではなく、属格名詞によって表されます。

　　ἐθαύμαζον ἐπὶ τοῖς λόγοις τῆς χάριτος　「彼らはその恵み深い言葉（直訳：
　　恵みの言葉）に驚いていた」（ルカ 4:22）

　　καὶ ἐγὼ ὑμῖν λέγω, ἑαυτοῖς ποιήσατε φίλους ἐκ τοῦ μαμωνᾶ τῆς ἀδικίας
　　「そして、私はあなたたちに言う。あなたたちはあなたたち自身のため
　　に不正まみれのマンモンで（直訳：不正のマンモンで）友人たちを作れ」
　　（ルカ 16:9）

　　διὰ τοῦτο παρέδωκεν αὐτοὺς ὁ θεὸς εἰς πάθη ἀτιμίας　「この故に、神は
　　彼らを恥ずべき情欲（直訳：恥の情欲）に引き渡した」（ロマ 1:26）

　Υἱός が人や物の属格名詞を伴うという形式はヘブライ語の属格用法に似
ています。顕著ではあっても、非排他的にセム語的であるこの用法では、属
格名詞は υἱός として指し示された人を特徴づけ、υἱός である人とのある密

接な関係を示します。

τὸ δὲ καλὸν σπέρμα οὗτοί εἰσιν <u>οἱ υἱοὶ τῆς βασιλείας</u>· τὰ δὲ ζιζάνιά εἰσιν <u>οἱ υἱοὶ τοῦ πονηροῦ</u> 「良い種は<u>王国の子たち</u>であり、そして毒麦は<u>悪しき者の子たち</u>である」（マタ 13:38）

<u>οἱ υἱοὶ τοῦ αἰῶνος τούτου</u> φρονιμώτεροι ὑπὲρ <u>τοὺς υἱοὺς τοῦ φωτὸς</u> 「<u>この時代の子たち</u>は、<u>光の子たち</u>よりも賢い」（ルカ 16:8）

γινώσκετε ἄρα ὅτι οἱ ἐκ πίστεως, οὗτοι <u>υἱοί εἰσιν Ἀβραάμ</u> 「信仰による人々、この人たちが<u>アブラハムの子たち</u>であると、あなたたちは知れ」（ガラ 3:7）

## 2.3. 同根の与格（cognate dative）

　強調された行為を表すために、動詞的名詞の与格が同根の動詞の定形と共にしばしば用いられます。ギリシア語に並行的な構造は見られませんが、この構造は例えば創 2:17（マソラ本文）のように（מוֹת תָּמוּת「あなたは必ず死ぬだろう」）、動詞のアイデアを強調するために不定詞絶対形を用いるヘブライ語用法に近似します。

<u>ἐπιθυμίᾳ ἐπεθύμησα</u> τοῦτο τὸ πάσχα φαγεῖν μεθ' ὑμῶν πρὸ τοῦ με παθεῖν 「私が苦しむ前に、私はあなたたちのこの過越の食事を摂ることを<u>強く望んだ</u>（直訳：望みによって望んだ）」（ルカ 22:15）

<u>παραγγελίᾳ παρηγγείλαμεν</u> ὑμῖν μὴ διδάσκειν ἐπὶ τῷ ὀνόματι τούτῳ 「こ

の名によって教えてはならないと、私たちはあなたたちに<u>強く命じた</u>(直訳：命令によって命じた)」(使 5:28)

しかし、同根の動詞的名詞に修飾語が加えられる時には、対格を好んで取ります。

ἰδόντες δὲ τὸν ἀστέρα ἐχάρησαν χαρὰν μεγάλην σφόδρα 「その星を見て、彼らは<u>大いなる喜び</u>で非常に<u>喜んだ</u>」(マタ 2:10)

## 3. 定冠詞の用法

新約聖書における定冠詞の用法は、一般的に、良いギリシア語文体の諸規則に一致します。しかし、話し手が特定の人物やものを指しているにもかかわらず、定冠詞が省かれる例外的ないくつかのケースがあります。このような無冠詞の表現は、定冠詞(ה)の使用によってではなく、続く支配する名詞によって支配する名詞が定となるセム語的連語句(construct chain、訳注：スミーフート)を模倣しています。セム語的連語句の模倣は、(定冠詞をもたない)支配する名詞が続く属格名詞によって規定される、いくつかの決まった前置詞句において特に明らかです。

διὰ σπλάγχνα ἐλέους θεοῦ ἡμῶν 「私たちの神の憐れみの心情による」(ルカ 1:78)

ἐκ κοιλίας μητρὸς αὐτοῦ 「彼の母親の胎から」(マタ 19:12)

ἐν βίβλῳ λόγων Ἡσαΐου τοῦ προφήτου 「預言者イザヤの言葉の書で」

（ルカ 3:4）

εἰς οἶκόν τινος τῶν ἀρχόντων 「指導者たちの1人の家へと」（ルカ 14:1）

ἐν ἡμέρᾳ ὀργῆς καὶ ἀποκαλύψεως δικαιοκρισίας τοῦ θεοῦ 「神の怒りと義しい裁きの現れる日に」（ロマ 2:5）

Κύριος（אֲדֹנָי）を含む固有名詞の属格を伴った表現に定冠詞が不在なことにも、セム語的連語句の影響が見られます。

ἐν οἴκῳ Δαυὶδ παιδὸς αὐτοῦ 「彼の僕ダビデの家で」（ルカ 1:69）

ἐκ πόλεως Ναζαρὲθ εἰς τὴν Ἰουδαίαν εἰς πόλιν Δαυὶδ 「ナザレのまちから、ユダヤへ、ダビデのまちへ」（ルカ 2:4）

τίς γὰρ ἔγνω νοῦν κυρίου […] ἡμεῖς δὲ νοῦν Χριστοῦ ἔχομεν 「というのは、誰が主の思いを知っていたのか…、だが、私たちはキリストの思いを持っています」（I コリ 2:16）

## 4．代名詞の用法

　聖書ギリシア語の明らかな特徴の1つは、文で暗示的に表現されていることを明らかにするために、代名詞がしばしば使用されることです。同様の傾向はヘレニズム・ギリシア語の世俗的なスタイルに見いだせる一方、新約聖書における代名詞の顕著に豊富な用法はセム語的用法の影響に起因します。これは、接尾代名詞を多用するセム語的慣用表現による影響を受けたギリシ

ア人作家たちが（冗語的［pleonastic］）代名詞を多用することを裏付けます。

## 4．1．非強調主格代名詞

　良いギリシア語の文体に従えば、人称代名詞の主格は強調または対照のためにだけ用いられます。したがって、新約聖書の代名詞の非強調的使用はセム語的影響と考えられます。


　ἰδοὺ ἐγὼ ἀποστέλλω ὑμᾶς ὡς πρόβατα ἐν μέσῳ λύκων　「見よ、狼たちの只中の羊のように、私はあなたたちを送る」（マタ 10:16）


　καὶ ἰδοὺ ἀνὴρ ὀνόματι καλούμενος Ζακχαῖος, καὶ αὐτὸς ἦν ἀρχιτελώνης καὶ αὐτὸς πλούσιος　「そして見よ、ザカリアという名の人［がいた］。そして、彼は徴税人の長で、彼は金持ちだった」（ルカ 19:2）


## 4．2．冗語的代名詞

　関係節が節を導入する関係代名詞だけでなく、同じ先行詞を指す（冗語的）代名詞をもつ、幾つかの例が新約聖書に見られます。文学的ギリシア語には極めて稀である一方、セム語では付加された（冗語的）代名詞は一般的です。関係代名詞（ヘブライ語 אֲשֶׁר、アラマイ語 דִּי）が格変化しないため、その完全な（性数格の）決定には、関係節の中に続いて現れる付加的な代名詞が必要となります。


　ἀκούσασα γυνὴ περὶ αὐτοῦ, ἧς εἶχεν τὸ θυγάτριον αὐτῆς πνεῦμα ἀκάθαρτον　「ある女性が、その人の（彼女の）娘は汚れた霊をもって

いたが、彼について聞き」（マコ 7:25）

ἔρχεται δὲ ὁ ἰσχυρότερός μου, οὗ οὐκ εἰμὶ ἱκανὸς λῦσαι τὸν ἱμάντα τῶν ὑποδημάτων αὐτοῦ 「私よりも力強い方が、私はその方の（彼の）サンダルの紐を解くのにふさわしくない、（その方が）来る」（ルカ 3:16）

καὶ πάντα τὰ ἔθνη ἐφ᾽ οὓς ἐπικέκληται τὸ ὄνομά μου ἐπ᾽ αὐτούς 「そして全ての異邦人たちが、その人たちに（彼らに）私の名が呼ばれる」（使 15:17、アモ 9:12 の預言 וְכָל־הַגּוֹיִם אֲשֶׁר־נִקְרָא שְׁמִי עֲלֵיהֶם の七十人訳による翻訳を引用している）

## 5．比較級と最上級

聖書ギリシア語に比較級や最上級がしばしば形容詞の原級によって表されることは、ヘブライ語とアラマイ語に比較級がないことから説明されます。ἤ（「よりも」）、παρά、ὑπέρ（「超えて」）や ἀπό（cf. ヘブライ語の מִן を用いた比較表現）を伴って構成された用法で、以下の例で、原級形容詞の比較の意味は文脈から推測されます。

καλόν ἐστίν σε εἰσελθεῖν εἰς τὴν ζωὴν χωλὸν ἢ τοὺς δύο πόδας ἔχοντα βληθῆναι εἰς τὴν γέενναν 「2つの足を持ってゲエンナに投げ込まれるよりも、不自由な足でいのちへと入る方があなたには良い」（マコ 9:45）

δοκεῖτε ὅτι οἱ Γαλιλαῖοι οὗτοι ἁμαρτωλοὶ παρὰ πάντας τοὺς Γαλιλαίους ἐγένοντο 「これらのガリラヤ人たちが他のすべてのガリラヤ人たちよりも罪深かったと、あなたたちは考えるのか」（ルカ 13:2）

χαρὰ ἐν τῷ οὐρανῷ ἔσται ἐπὶ ἑνὶ ἁμαρτωλῷ μετανοοῦντι ἢ ἐπὶ ἐνενήκοντα ἐννέα δικαίοις 「悔い改める 1 人の罪人について、99 人の義しい人たちについてよりも天に喜びがあるだろう」（ルカ 15:7）

セム語の影響は、指定されたグループや類に関して、原級が最上級の意味を持つところにも見いだせます。

εὐλογημένη σὺ ἐν γυναιξίιν 「女たちの中であなたは最も祝福されている」（ルカ 1:42）

διδάσκαλε, ποία ἐντολὴ μεγάλη ἐν τῷ νόμῳ; 「先生、律法の中でどれが最大の掟ですか」（マタ 22:36）

## 6．分詞の使用

### 6．1．婉曲活用・ペリフラシス（periphrastic conjugation）

単純な動詞形が、分詞と動詞 εἶναι の定形によって置き換えられた婉曲活用・ペリフラシスを、ギリシア語は備えています。ヘレニズム・ギリシア語が婉曲活用を広く用いる傾向がある一方で、この現象の新約聖書における顕著な頻出は、動詞を組み立てる際に同様に分詞の使用を好むアラマイ語の影響を強く示唆しています。

## 6.2. 冗語的分詞 （pleonastic participles）

　主動詞に内包されている行為（しばしば体の動きや位置）を表すために、新約聖書ではしばしば分詞が用いられます。

　　ἀνοίξας τὸ στόμα αὐτοῦ ἐδίδασκεν αὐτουύς 「彼の口を開けて、彼は彼らに教えていた」（マタ 5:2）

　　ἐκτείνας τὴν χεῖρα ἥψατο αὐτοῦ 「手を伸ばして、彼は彼に触れた」（マタ 8:3）

　　ἀναστὰς ἠκολούθησεν αὐτῷ 「立ち上がって、彼は彼に従った」（マコ 2:14）

　状況を示す分詞の使用は文法的に珍しいことではありませんが、冗語的分詞の定式はセミティズムと考えられます。これは、ギリシア語の話し手が通常は表現しない内包的行為を別の動詞で明らかにしていて、セム語の話し方を真似ているからです。セム語の慣用表現では、2つの行為はたいてい（*waw* を用いて）等位接続された2つの定動詞で表現されます。共観福音書記者たちは、このセム語的慣用表現方法を、ギリシア語で自然な従属形式で表わす傾向があります。第1の（内包的）行為を状況的分詞で表し、第2の（主たる）行為を動詞の定形で表します。対照的にヨハネはこの分詞の従属的用法を避ける傾向があり、等位接続された2つの定動詞を用い、セム語的モデルにより忠実に従います。次の諸例でこの違いは明らかでしょう。

　　マタ 9:7　ἐγερθεὶς ἀπῆλθεν 「起き上がって、彼は出て行った」

ヨハ 11:29 ἠγέρθη ταχὺ καὶ ἤρχετο 「彼はすぐに立ち上がり、そして、行った」

マコ 10:49 στὰς ὁ Ἰησοῦς εἶπεν [...] 「立って、イエスは言った…」

ヨハ 20:19 ἦλθεν ὁ Ἰησοῦς καὶ ἔστη εἰς τὸ μέσον καὶ λέγει [...] 「イエスは来て、そして、真ん中に立ち、言った…」

セム語的影響は ἀποκριθεὶς εἶπεν 定式の頻繁な使用も説明します。この定式における分詞の冗語的性質は、先行する文脈の何事かに対して、スピーチ行為が厳格な意味では「応答」や「答え」をするものではないことに現れています（例えば、マコ 11:14 καὶ ἀποκριθεὶς εἶπεν αὐτῇ ［いちじくの木］ を参照）。ἀποκριθεὶς εἶπεν という表現は、直接話法を導入するために一般的に用いられるセム語的定式（ヘブライ語では וַיַּעַן וַיֹּאמֶר、アラマイ語では עֲנָה וְאָמַר）の模倣を代表します。次の例では共観福音書記者たちが、従属的な分詞と動詞の定形を伴った形式で表現する一方で、ヨハネは等位接続された2つの定動詞で表しています。

マタ 3:15 ἀποκριθεὶς δὲ ὁ Ἰησοῦς εἶπεν [...] 「答えて、イエスは言った…」

ヨハ 1:48 ἀπεκρίθη Ἰησοῦς καὶ εἶπεν αὐτῷ [...] 「イエスは答えて、そして、彼に言った…」

新約聖書において話す、尋ねる、答える、そして、書くことに関する動詞の定形に、しばしば、分詞 λέγων または λέγοντες が続くことがあります。

これは、七十人訳に一般に見られる λέγων または λέγοντες が直接話法を導入するヘブライ語不定詞 לֵאמֹר（「言っている」の意味）の代わりをする標準定式を模倣しています。七十人訳と新約聖書で λέγων または λέγοντες の使用は決まった表現ですが、特に、λέγων または λέγοντες が λέγειν の定形と共に用いられるとき、その冗語的性格は明らかになります（例えば、ルカ 7:39 ὁ Φαρισαῖος ὁ καλέσας αὐτὸν εἶπεν ἐν ἑαυτῷ λέγων を参照してください）。ここでも、ヨハネは分詞の冗語的用法を避ける傾向があり、代わりに等位接続された λέγειν の定形を使用します。

> マコ 3:11　ἔκραζον λέγοντες […]　「彼らは叫び続け、言った…」

> ヨハ 12:44　ἔκραξεν καὶ εἶπεν […]　「彼らは叫び、そして、言った…」

## 7．前置詞の用法

　一般にヘレニズム・ギリシア語は明示的表現のため前置詞により信頼を置きますが、新約聖書にはセム語的影響に起因するであろう、いくつかの例外的な前置詞句があります。

### 7．1．前置詞 εἰς（＋ 対格）

　εἶναι あるいは γίνεσθαι に伴う述語的主格の代わりに εἰς ＋ 対格を使うことは、ギリシア語では通常ではなく、名詞文の述語を示す לְ のヘブライ語的用法に近いと言えます。

> ἔσονται οἱ δύο εἰς σάρκα μίαν　「2人は1つの体となるだろう」（マタ

19:5、七十人訳・創 2:24)

λίθον ὃν ἀπεδοκίμασαν οἱ οἰκοδομοῦντες, οὗτος ἐγενήθη εἰς κεφαλὴν γωνίας 「建てる者たちが拒絶した石、これが隅の親石となった」(マタ 21:42、七十人訳・詩 117:22)

καὶ ἔσομαι ὑμῖν εἰς πατέρα καὶ ὑμεῖς ἔσεσθέ μοι εἰς υἱοὺς καὶ θυγατέρας 「そして、私はあなたたちにとって父となり、あなたたちは私にとって息子たち、娘たちとなるだろう」(II コリ 6:18、七十人訳・サム下 7:14)

同様に、εἰς + 対格は述語的対格の代わりにしばしば用いられます。

εἰς προφήτην αὐτὸν εἶχον 「彼らは彼を預言者とみなした」(マタ 21:46)

ἤγειρεν τὸν Δαυὶδ αὐτοῖς εἰς βασιλέα 「彼はダビデを彼らのための王として立てた」(使 13:22)

## 7.2. 前置詞 ἐν (+ 与格)

新約聖書において前置詞 ἐν (+ 与格) はさまざまな形で用いられます。これら例外的用法のいくつかは、前置詞 בְּ を用いた類似的なセム語的構造の影響によるのかもしれません。ヘレニズム・ギリシア語に並行的な事項がないわけではありませんが、道具的意味での ἐν (+ 与格) の拡大的用法は、ほぼ確実にセム語的影響によるでしょう。

εἰ πατάξομεν ἐν μαχαίρῃ; 「剣で打ちつけましょうか」(ルカ 22:49)

　少なくとも部分的には、בְּ を用いた対応構造は、それが行動または状況の様式や付随的状況を示すいくつかの例を説明しうるでしょう。

　ἐζήτουν οἱ ἀρχιερεῖς καὶ οἱ γραμματεῖς πῶς αὐτὸν ἐν δόλῳ κρατήσαντες ἀποκτείνωσιν 「祭司長たちや律法学者たちは、どのように彼を計略で捕らえて殺そうかと探し求めていた」（マコ 14:1）

　λέγω ὑμῖν ὅτι ποιήσει τὴν ἐκδίκησιν αὐτῶν ἐν τάχει 「私はあなたたちに言う、彼はすぐに（直訳、速さで）彼らに報復するだろう」（ルカ 18:8）

　μέλλει κρίνειν τὴν οἰκουμένην ἐν δικαιοσύνῃ 「彼は今やこの世界を義で裁こうとしている」（使 17:31）

　ἐν ῥάβδῳ ἔλθω πρὸς ὑμᾶς ἢ ἐν ἀγάπῃ; 「私はあなたたちのところに、鞭を伴って、あるいは、愛を伴って行こうか」（I コリ 4:21）

　与格の冠詞を伴った不定詞と共に ἐν を時間的意味で用いることはギリシア語では稀ですが、בְּ を伴ったセム語的な時間的構文の代わりに七十人訳で広く使われています。

　ἐν τῷ κατηγορεῖσθαι αὐτὸν ὑπὸ τῶν ἀρχιερέων καὶ πρεσβυτέρων οὐδὲν ἀπεκρίνατο 「祭司長たちと長老たちによって彼が訴えられている間、彼は何も答えなかった」（マタ 27:12）

　ἐγένετο ἐν τῷ σπείρειν ὃ μὲν ἔπεσεν παρὰ τὴν ὁδόν 「蒔いている間に［次

のことが］起こった。あるもの［種］は道端に落ちた」（マコ 4:4）

ἐν τῷ ὑποστρέφειν αὐτοὺς ὑπέμεινεν Ἰησοῦς ὁ παῖς ἐν Ἰερουσαλήμ 「彼らが戻っている間、少年イエスはエルサレムに残った」（ルカ 2:43）

## 7.3. 副詞の（非本来的な）前置詞としての用法

セム語的影響は、ある副詞を（非本来的な）前置詞としてしばしば使うことに見られます。

ἔμπροσθεν / ἐνάντιον / ἐνώπιον（＋属格）で「〜の前に」または「〜の目の前で」（cf. בְּעֵינֵי または לִפְנֵי）

ὄπισθεν / ὀπίσω（＋属格）で「〜の後に」の意味（cf. אַחֲרֵי）

## 7.4. 標準的な前置詞句

図式的に前置詞的概念を表すいくつかの標準的な婉曲表現の背後には、セム語的モデルがあります。ἀπό、παρά、κατά、πρό を伴う名詞 πρόσωπον は、פָּנִים（「顔」）を伴ったセム語の一般的表現に当たります。מִפְּנֵי（「〜の存在から」、「〜の前から」）、לִפְנֵי（「〜の存在下」、「〜の前に」）

ἀπέστειλεν ἀγγέλους πρὸ προσώπου αὐτοῦ 「彼は使いの者たちを彼の前に送った」（ルカ 9:52）

οἱ μὲν οὖν ἐπορεύοντο χαίροντες ἀπὸ προσώπου τοῦ συνεδρίου 「そこ

で、彼らはサンヘドリンから喜びながら出て行った」（使 5:41）

　前置詞 ἐν、διά、ἐκ を伴う χείρ の諸形式は、יָד（「手」）を伴ったセム語の共通表現に当たります。בְּיַד（「〜の手で」、「〜の力・仲介によって」）、מִיַּד（「〜の力・ルールから」）

σωτηρίαν ἐξ ἐχθρῶν ἡμῶν καὶ ἐκ χειρὸς πάντων τῶν μισούντων ἡμᾶς 「私たちの敵たち、そして、私たちを憎むすべての者たちの手からの救いを」（ルカ 1:71）

διὰ δὲ τῶν χειρῶν τῶν ἀποστόλων ἐγίνετο σημεῖα καὶ τέρατα πολλά 「使徒たちの手を通して多くのしるしと不思議なわざが生じていた」（使 5:12）

　加えて、前置詞 διά、ἐκ、ἐπί を伴う στόμα の諸形式は、神、あるいは、人の発話と関連した פֶּה（「口」）を伴ったセム語の共通表現に当たります。

οὐκ ἐπ' ἄρτῳ μόνῳ ζήσεται ὁ ἄνθρωπος, ἀλλ' ἐπὶ παντὶ ῥήματι ἐκπορευομένῳ διὰ στόματος θεοῦ 「人はパンのみによって生きるのではなく、むしろ、神の口から出るあらゆる言葉で生きるだろう」（マタ 4:4、申 8:3 の引用）

ἐθαύμαζον ἐπὶ τοῖς λόγοις τῆς χάριτος τοῖς ἐκπορευομένοις ἐκ τοῦ στόματος αὐτοῦ 「彼らは彼の口から出る恵み深い言葉に驚いていた」（ルカ 4:22）

ἔδει πληρωθῆναι τὴν γραφὴν ἣν προεῖπεν τὸ πνεῦμα τὸ ἅγιον διὰ
στόματος Δαυίδ 「ダビデの口を通して聖霊が預言したこの聖句は実現
されなければならなかった」（使 1:16）

## 8．καί の特別な用法

　新約聖書ギリシア語は、読み手が従属関係（hypotaxsis）を期待するよう
なところに、2 つの独立節を結びつける等位接続（parataxisi）を用いる καί
の拡大用法によって特徴づけられます。この用法は、ヘレニズム・ギリシア
語の世俗的な慣用表現において、諸アイデアの従属関係とそれらの論理的な
つながりを明示的には表現しないという一般的傾向を反映しています。しか
し、同じ傾向は、主に等位接続詞 waw で節が接続される並列的表現という
セム語的慣習によって促進された可能性が高いと言えます。

### 8．1．帰結節的（apodotic）καί

　いくつかの例で見られるように、ある文は（時間、原因、あるいは、条件の）
従属節で始まり、続く主節（帰結節）を導入するために καί が挿入されます。
ギリシア語では通常でないこの用法は、ヘブライ語の帰結節的（apodotic）
waw に呼応します。

καὶ ὅτε ἐπλήσθησαν ἡμέραι ὀκτὼ τοῦ περιτεμεῖν αὐτόν, καὶ ἐκλήθη τὸ
ὄνομα αὐτοῦ Ἰησοῦς 「さて、彼が割礼を施されるための 8 日が満たさ
れたとき、彼の名はイエスと呼ばれた」（ルカ 2:21）

ὡς ἀτενίζοντες ἦσαν εἰς τὸν οὐρανὸν πορευομένου αὐτοῦ, καὶ ἰδοὺ ἄνδρες δύο παρειστήκεισαν αὐτοῖς ἐν ἐσθήσεσι λευκαῖς 「彼が離れていく間、彼らが天を見つめていたとき、見よ、白い服を着た2人の人たちが彼らのそばに立っていた」（使 1:10）

ἐάν τις ἀκούσῃ τῆς φωνῆς μου καὶ ἀνοίξῃ τὴν θύραν, <u>καὶ</u> εἰσελεύσομαι πρὸς αὐτὸν καὶ δειπνήσω μετ᾿ αὐτοῦ καὶ αὐτὸς μετ᾿ ἐμοῦ 「もし、誰か私の声を聞き、そして戸を開けるならば、私は彼のもとに入り、彼と共に食事をし、そして、彼は私と共にいるだろう」（黙 3:20）

## 8.2. 冗語的 καί

接続詞 καί は、ヘブライ語構文（וַיְהִי…וַ…）を文字通りに真似た、七十人訳にありふれた表現にも使われます。七十人訳では καὶ ἐγένετο ＋ καί ＋ 主動詞 というセム語的様式が見られます。

創 4:8（マソラ本文）

וַיְהִי בִּהְיוֹתָם בַּשָּׂדֶה וַיָּקָם קַיִן אֶל־הֶבֶל אָחִיו וַיַּהַרְגֵהוּ

創 4:8（七十人訳）<u>καὶ ἐγένετο</u> ἐν τῷ εἶναι αὐτοὺς ἐν τῷ πεδίῳ <u>καὶ</u> ἀνέστη Καιν ἐπὶ Αβελ τὸν ἀδελφὸν αὐτοῦ καὶ ἀπέκτεινεν αὐτόν 「そして、彼らが野原にいるとき、次のことが起こった。カインは彼の弟アベルに対して立ち上がり、彼を殺した」

導入様式としての新約聖書の καὶ ἐγένετο の用法は、特にルカ・使徒行伝に顕著で、そこで著者は七十人訳のスタイルを意図的に真似ています（ルカ 39 回、使 19 回）。続く主節は動詞の定形を伴うか、不定詞（＋ 主語的対格）

を伴って表されます。七十人訳におけるように、ルカではこの様式は常にではないとしても、しばしば、主節の初めに καί を持っています。

καὶ ἐγένετο ἐν τῇ ἡμέρᾳ τῇ ὀγδόῃ ἦλθον περιτεμεῖν τὸ παιδίον 「そして、8日目に、次のことが起こった。その子に割礼を施すために人々がやって来た」（ルカ 1:59）

ἐγένετο δὲ ἐν μιᾷ τῶν ἡμερῶν καὶ αὐτὸς ἐνέβη εἰς πλοῖον 「そして、ある日、次のことが起こった。舟へと彼が乗り込んだ」（ルカ 8:22）

## 9．否定

ギリシア語では強い否定はたいてい οὐδείς, οὐδεῖσα, οὐδέν（「誰も〜ない」、「何も〜ない」）を伴った形で表現されます。しかし、新約聖書には、πᾶς, πᾶσα, πᾶν ＋ 否定の小辞 ＋ 動詞という形式を伴った代替的構文の諸例が見られます。これは ...כֹל ...לֹא というセム語共通の否定形式に近く符号します。

οὐκ ἀδυνατήσει παρὰ τοῦ θεοῦ πᾶν ῥῆμα 「何ごとも神には不可能ではない」（ルカ 1:37）

ὁ δὲ Πέτρος εἶπεν· μηδαμῶς, κύριε, ὅτι οὐδέποτε ἔφαγον πᾶν κοινὸν καὶ ἀκάθαρτον 「そして、ペトロは言った、『主よ、なぜなら私は何ら清くない物も汚れた物も、決して食べたことがないのです』」（使 10:14）

# 第10章　ギリシア語句のアクセント

## 1．予論的諸定義

### 1．1．長音節と短音節

　ギリシア語の語句はいくつかの母音あるいは二重母音を持つ複数の音節から成り立ちます。長母音あるいは二重母音を持つ音節は「長い」とみなされ、他の場合は必然的に「短い」とみなされます。

　　短母音：α ε ι ο υ

　　長母音：ᾱ η ῑ ω ῡ

　　二重母音＊：αι ει οι υι αυ ευ ηυ ου

　　＊ 語尾の αι と οι は、希求法での動詞変化の場合以外、アクセントの付
　　　 け方を理由に短いとみなされます。

### 1．2．アクセントのある音節

　大半のギリシア語の単語は、その語の他の音節よりも音楽的ピッチ（高低）が少し異なる１つの音節を持ちます。その音節がアクセントを持っていて、ピッチの異なりがその語の「アクセント」と呼ばれます。

　　鋭アクセント（ά）：音楽的ピッチが上がる

　　重アクセント（ὰ）：音楽的ピッチが下がる

曲アクセント（ᾶ）：同一の音節の中で上がって、下がる

　古典ギリシア語を現代的に発音するときは、アクセントは音楽的ピッチの違いではなく、アクセントを持つ音節に強勢をもたせることで、たいていはそのアクセントが表されます。

## 1.3.　アクセントの記述

　アクセント記号はアクセントを持つ音節の母音、または、二重母音の上に打たれます。二重母音の場合、2つ目の母音の上にアクセントを打ちます。例：αὐτούς, αὐτοῖς

　気息記号とアクセント記号が同じ母音につくときには、鋭アクセント、あるいは、重アクセントは気息記号の右に書かれ、曲アクセントは上に置かれます。例：ἄνθρωπος, ὅλος, οἶκος, ἦν

　気息記号とアクセント記号が大文字につくときには、配列は同一に保たれますが、文字の前に置かれます。例：Ἕλλην, Ἡρῴδης

## 2.　アクセントの規則

## 2.1.　ギリシア語のアクセントの一般規則

　1つの語がどれだけ多くの音節を持っていても、アクセントは最後から3つの音節のどこかにあります。つまり、最後の音節（ultima, "u"）、最後から2番目の音節（penult, "p"）、あるいは、最後から3番目の音節（antepenult, "a") です。

## 2.2. 鋭アクセントについての規則

可能： 最後、最後から2番目、あるいは、後ろから3番目の音節の上に鋭
　　　　アクセントは現れます

　　　　短母音、長母音、または、二重母音の上に鋭アクセントは現れます

制限： 文の区切りが続くときにのみ、最後の音節に鋭アクセントは現れる
　　　　ことができます

　　　　（つまり、句点、コンマ、セミコロンが続くとき）

　　　　最後から2番目の音節には、最後の音節が短母音をもち、最後から
　　　　2番目の音節がアクセントを持ちつつ、長母音か二重母音を持つと
　　　　きには、鋭アクセントは現れえません

　　　　最後から3番目の音節には、最後の音節が短母音を持つときにのみ、
　　　　鋭アクセントは現れえません

## 2.3. 重アクセントについての規則

可能： 最後の音節にのみ重アクセントは現れます

　　　　短母音、長母音、あるいは、二重母音の上に重アクセントは現れま
　　　　す

制限： 文の区切りがなく、直接に他の語が続くときには、鋭アクセントは
　　　　重アクセントに取って代わられなければなりませんが、他の場合に
　　　　は現れえません

## ２.４. 曲アクセントについての規則

可能：　最後の音節、そして、最後から２番目の音節の上にのみ、曲アクセ
　　　　ントは現れます

　　　　長母音、あるいは、二重母音の上にのみ、曲アクセントは現れます

制限：　最後の音節が短母音を持ち、最後から２番目の音節がアクセントを
　　　　持ちつつ、長母音か二重母音を持つときにのみ、曲アクセントが必
　　　　ず現れます

　　　　最後の音節が長母音、または、二重母音を持つときには、最後から
　　　　２番目の音節に曲アクセントは現れえません

### アクセントについての規則の要約

　　1) a－p－ú ＋ 文の区切り

　　2) a－p－ù ＋ 文の区切りなしで他の語が続く

　　3) a－ṕ－u で a－p̂－ŭ ではない

　　4) á－p－ŭ

　　5) a－p－û

　　6) もし -p- がアクセントを持つときは必ず a－p̂－ŭ だが、もし -ū-
　　　のときには決して -p̂- ではない

## ２.５. 後退するアクセント

　　アクセントの可能ルールが許容して語の後方へと下がるとき、ある語のア
クセントは後退すると言われます。あらゆる動詞の定形（つまり、不定詞と
分詞以外の形）はアクセントの後退が起こります。

　　以下の例を考察してください。

ἔπαυσα, ἐπαύσω, παῦσον, παύσῃ

ἦρξαν, ἤρξατε, ἄρξῃς, ἄρξητε, ἀρξάτω

ἀγγέλλεις, ἀγγέλλετε, ἤγγειλα, ἠγγέλθην, ἠγγείλατε

βούλῃ, βουλέσθω, βούλεσθε, ἐβούλου


## ２.６.　保持されるアクセント

　アクセントの性質（例：曲アクセントから鋭アクセントへ）、または、位置（例：最後から３番目から最後から２番目の音節へ）が変化するアクセントの可能ルールによって強制されない限り、ある語のあらゆる形で同じアクセント、つまり、同一の母音または二重母音の上に留まろうとするとき、その語のアクセントは保持されると言われます。保持されるアクセントは、位置を変える前に、同一の音節に留まろうとするあらゆる可能性を使い果たしてから、性質が変化します。大部分の名詞と形容詞のアクセントは保持される傾向があり、語彙の一部として学ばれるべきです。

　以下の例を考察してください。


βιβλίον, βιβλίου

ἄνθρωπος, ἀνθρώπου

νῆσος, νήσου

δρᾶμα, δράματος, δραμάτων


## ３．アクセントの規則の諸例外

## ３.１.　後退するアクセントの諸例外

３．１．１．希求法現在能動相三人称単数の語尾の二重母音 οι と希求法アオ
リスト能動相三人称単数の αι はアクセントのために長母音と考えられます。
　以下の例を考察してください。

παιδεύοιμι　　　　παιδεύοιμεν

παιδεύοις　　　　παιδεύοιτε

<u>παιδεύοι</u>　　　　παιδεύοιεν


παιδεύσαιμι　　　　παιδεύσαιμεν

παιδεύσαις　　　　παιδεύσαιτε

<u>παιδεύσαι</u>　　　　παιδεύσαιεν

３．１．２．接続法アオリスト受動相において、語尾の最初の母音の上に曲ア
クセントがいつも置かれます。
　以下の例を考察してください。

λυθῶ　　　　λυθῶμεν

λυθῇς　　　　λυθῆτε

λυθῇ　　　　λυθῶσι(ν)

### ３．２．保持されるアクセントの諸例外

３．２．１．二重母音 αι と οι は、語尾に現れる場合、アクセントのために短

母音として考えられます。

　以下の例を考察してください。

ἄνθρωποι，　χῶραι

3.2.2.　第一変化、第二変化の名詞は主格・単数で最後の音節に鋭アクセントがあるとき、単数と複数の属格と与格ではアクセントは曲アクセントに変化します。

　以下の例を考察してください。

ζωή　　　　　　ζωαί

ζωῆς　　　　　　ζωῶν

ζωῇ　　　　　　ζωαῖς

ζωήν　　　　　　ζωάς


ἀδελφός　　　　　ἀδελφοί

ἀδελφοῦ　　　　　ἀδελφῶν

ἀδελφῷ　　　　　ἀδελφοῖς

ἀδελφόν　　　　　ἀδελφούς

3.2.3.　短音節語幹の第三変化名詞は単数と複数の属格と与格でアクセントは最後の音節に移行します。属格複数は曲アクセントを取ります。

　以下の例を考察してください。

| | |
|---|---|
| αἴξ | αἶγες |
| αἰγός | αἰγῶν |
| αἰγί | αἰξί(ν) |
| αἶγα | αἶγας |

**3.2.4.** 第一変化の全ての名詞は属格複数では最後の音節の上の曲アクセントに移行します。

以下の例を考察してください。

| | |
|---|---|
| ἡμέρα | ἡμέραι |
| ἡμέρας | ἡμερῶν |
| ἡμέρᾳ | ἡμέραις |
| ἡμέραν | ἡμέρας |

同様に、（現在、アオリスト、完了の能動相分詞を含め）短い -α- の女性主格単数語尾を持つ第一第三変化の形容詞は、主格単数のアクセントに関係なく、属格複数形のアクセントは最後の音節にあります。

以下の例を考察してください。

| | | | | | |
|---|---|---|---|---|---|
| ἡδύς | ἡδεῖα | ἡδύ | ἡδεῖς | ἡδεῖαι | ἡδέα |
| ἡδέος | ἡδείας | ἡδέος | ἡδέων | ἡδειῶν | ἡδέων |
| ἡδεῖ | ἡδείᾳ | ἡδεῖ | ἡδέσιν | ἡδείαις | ἡδέσιν |
| ἡδύν | ἡδεῖαν | ἡδύ | ἡδεῖς | ἡδείας | ἡδέα |

| | | | | | |
|---|---|---|---|---|---|
| λύων | λύουσα | λῦον | λύοντες | λύουσαι | λύοντα |
| λύοντος | λυούσης | λύοντος | λυόντων | <u>λυουσῶν</u> | λυόντων |
| λύοντι | λυούσῃ | λύοντι | λύουσιν | λυούσαις | λύουσιν |
| λύοντα | λύουσαν | λῦον | λύοντας | λυούσας | λύοντα |

対照的に、（現在中動・受動相、アオリスト中動相、完了中動・受動相の分詞を含めて）-η- または -ᾱ- の女性主格単数語尾を持つ第一第二変化の全ての形容詞は、女性属格複数形のアクセントは最後の音節に移動しません。

以下の例を考察してください。

| | | | | | |
|---|---|---|---|---|---|
| ἄξιος | ἀξία | ἄξιον | ἄξιοι | ἄξιαι | ἄξια |
| ἀξίου | ἀξίας | ἀξίου | ἀξίων | <u>ἀξίων</u> | ἀξίων |
| ἀξίῳ | ἀξίᾳ | ἀξίῳ | ἀξίοις | ἀξίαις | ἀξίοις |
| ἄξιον | ἀξίαν | ἄξιον | ἀξίους | ἀξίας | ἄξια |

| | | | | | |
|---|---|---|---|---|---|
| λυόμενος | λυομένη | λυόμενον | λυόμενοι | λυόμεναι | λυόμενα |
| λυομένου | λυομένης | λυομένου | λυομένων | <u>λυομένων</u> | λυομένων |
| λυομένῳ | λυομένῃ | λυομένῳ | λυομένοις | λυομέναις | λυομένοις |
| λυόμενον | λυομένην | λυόμενον | λυομένους | λυομένας | λυόμενα |

**3.2.5.** アオリスト受動分詞において、男性主格単数、中性主格と対格単数、そして、女性属格複数以外の全ての形でアクセントは最後から2番目に置かれます。

以下の例を考察してください。

| | | | | | |
|---|---|---|---|---|---|
| λυθείς | λυθεῖσα | λυθέν | λυθέντες | λυθεῖσαι | λυθέντα |
| λυθέντος | λυθείσης | λυθέντος | λυθέντων | λυθεισῶν | λυθέντων |
| λυθέντι | λυθείσῃ | λυθέντι | λυθεῖσιν | λυθείσαις | λυθεῖσιν |
| λυθέντα | λυθεῖσαν | λυθέν | λυθέντας | λυθείσας | λυθέντα |

## 4．後接語（proclitics）と前接語（enclitics）

### 4．1．予備的諸定義

**4．1．1．** 後接語（προκλίνω「前に傾く」）とは、続く語ととても近接して読まれるので、普通はアクセントがない諸単語です。

例：　　定冠詞のある形　ὁ, ἡ, οἱ, αἱ

　　　　接続詞　εἰ と ὡς

　　　　前置詞　εἰς と ἐκ

　　　　否定の副詞　οὐ - οὐκ - οὐχ

**4．1．2．** 前接語（ἐγκλίνω「傾きもたれかかる」）とは、発音において前語に近接しているために、ある場合に前語のアクセントに影響を及ぼす諸単語です。

例：　　人称代名詞　μου, μοι, με, σου, σοι, σε

　　　　小辞　γε と τε

　　　　不定副詞　που, ποτε, πως

156

不定名詞・形容詞の全ての形

τις, τι, τινος, τινι, τινα, τινες, τινων, τισι(ν), τινας

εἰμι の直説法現在形（二人称単数形を除く）

εἰμι, ἐστι(ν), ἐσμεν, ἐστε, εἰσι(ν)

φημι の直説法現在形（二人称単数系を除く）

φημι, φησι(ν), φαμεν, φατε, φασι(ν)

　前接語は短音節（e）または 二音節（e–e）です。ある場合、二音節の前接語は鋭アクセントまたは曲アクセントを最後の音節に持ちます（e–é, e–ê）。

## 4.2. アクセントの諸規則

**4.2.1.** 前接語(e, e–e, e–é, e–ê) が続く、語尾に鋭アクセントを持つ語は、その鋭アクセントを重アクセントに変えません。前接語は何らアクセントを持ちません。

　　　　–a–p–ú + e　　　　ἀγαθός τις　　「ある良い人は」
　　　　–a–p–ú + e–e　　　ἀδελφοί τινες　「ある兄弟たちは」

**4.2.2.** 最後から２番目の音節にアクセントを持つ語に続く単音節の前接語はアクセントを持ちませんが、最後から２番目の音節に鋭アクセントを持つ語に続く二音節の前接語はその最後の音節に鋭アクセントを取ります。

　　　　–a–ṕ–u + e　　　　λόγῳ τε καὶ ἔργῳ　「言葉と行いによって」

|  |  |  |
|---|---|---|
| –a–ṕ–u + e–é | ἀνδράσι τισίν | 「ある男たちに」 |
| –a–ṕ–u + e–ê | ἀνθρώπων τινῶν | 「ある人々の」 |

**4.2.3.** 最後から３番目の音節に鋭アクセントを持つ語は、最後の音節に前接語から追加の鋭アクセントを受け取ります。前接語はアクセントを持ちません。

|  |  |  |
|---|---|---|
| –á–p–ú + e | ἄνθρωποί τε καὶ θεοί | 「人々と神々は」 |
| –á–p–ú + e–e | ἄνθρωποί τινες | 「ある人々は」 |

**4.2.4.** 語尾に曲アクセントを持つ語はその曲アクセントを保持します。前接語はアクセントを持ちません。

|  |  |  |
|---|---|---|
| –a–p–û + e | αἱ τιμαὶ τῶν ἀγαθῶν τε καὶ σοφῶν | |
| | | 「善と知の名誉は」 |
| –a–p–û + e–e | αἱ τιμαὶ σοφῶν τινων | 「ある賢者たちの名誉は」 |

**4.2.5.** 最後から２番目の音節に曲アクセントを持つ語は、最後の音節に前接語から追加の鋭アクセントを受け取ります。前接語はアクセントを持ちません。

|  |  |
|---|---|
| –a–p̂–ú + e | ἐκεῖνά τε καὶ ταῦτα |
| | 「これらとあれらのことは（を）」 |

–a–p̂–ú + e–e　　　δῶρά τινα　「ある贈り物は（を）」


**4.2.6.** 前接語が続くとき、それぞれの前接語は続く前接語から鋭アクセントを取ります。このような一連の前接語の中で最後の前接語はアクセントを持ちません。

　　　ἐάν ποτέ τίς τί τινι διδῷ　「もし誰かが何かを誰かに与えるとすれば」


**4.2.7.** ある後接語がある句の最後に独立して存在するとき、あるいは、続く前接語があるときには、その後接語は鋭アクセントを取ります。前接語はアクセントを持ちません。

　　　ὁ δέ φησιν, οὔ　「しかし、彼は言った、『いいえ』」
　　　εἴ τις　「もし誰かが」


**4.2.8.** 次の場合、二音節の前接語はそのアクセントを保持します。(1) 句または文の最初にくるとき、(2) その前接語が強調されるとき

　　　τινὲς μὲν χρυσὸν διδόασιν, τινὲς δ'οὔ
　　　　　「ある人々は金を与える一方、他の人々は与えない」

## 5．ἐστίν の特別なケース

　ある状況において ἐστίν という動詞形は前接語としての性格を完全に失って、ἔστιν となります。


　・それが文または句の最初に来るとき

　・それが存在、あるいは、可能性を意味するとき

　・それが、οὐκ, μή, ὡς, εἰ, καί, ἀλλά あるいは τοῦτο によって先行されるとき

　・それが強く強調されるとき

# 聖書箇所索引

| | | | |
|---|---|---|---|
| 19:25 | 114 | 5:12 | 142 |
| 20:19 | 9, 137 | 5:28 | 26, 48, 130 |
| | | 5:29 | 72 |
| | | 5:30 | 15 |
| **使徒行伝** | | 5:31 | 4, 32 |
| 1:1 | 63 | 5:41 | 141 |
| 1:3 | 79 | 5:42 | 63 |
| 1:5 | 110 | 6:10 | 82 |
| 1:10 | 144 | 6:14 | 13 |
| 1:15-16 | 8 | 7:12 | 14 |
| 1:16 | 143 | 7:40 | 21, 128 |
| 2:2 | 66 | 7:53 | 107 |
| 2:6 | 28, 64 | 8:7 | 8 |
| 2:32 | 4 | 8:12 | 111 |
| 2:45 | 29 | 8:19 | 12 |
| 3:1 | 114 | 8:27 | 113 |
| 3:3 | 44, 53, 82 | 10:14 | 145 |
| 3:6 | 30 | 11:15 | 80, 87 |
| 3:11 | 28 | 11:27 | 6 |
| 3:15 | 4 | 11:28 | 53 |
| 3:26 | 79 | 12:1 | 105 |
| 4:1-2 | 78 | 12:6 | 106 |
| 4:1 | 28 | 12:16 | 64 |
| 4:11 | 15 | 13:17 | 85 |
| 4:14 | 64 | 13:22 | 139 |
| 4:22 | 48 | 14:9 | 75 |
| 4:33 | 25 | 15:2 | 82 |
| 4:34 | 54 | 15:17 | 134 |
| 5:3 | 77 | 15:29 | 48 注2 |
| 5:8 | 26 | | |

166

# 文法事項索引

著者

Dean P. Béchard, S.J.（ディーン・P.・ベシャルド S.J.）

カトリック司祭、イエズス会士。教皇庁立聖書研究所（Pontificio Istituto Biblico）（ローマ）教授。聖書学雑誌 Biblica 編集長。
米国ニューヨーク州出身。1981 年 Le Moyne College にて B.A. 取得。同年イエズス会入会、1991 年司祭叙階。1991 年 Weston Jesuit School of Theology にて M.Div.、1993 年 S.T.L. 取得。1994 年 Yale University にて M.A.、1995 年 M.Ph.、1998 年 Ph.D. 取得。Fordham University（1997-2006 年）で教授職後、2006 年から聖書研究所。
（主な著書・記事）
*Paul Outside the Walls*: A Study of Luke's Socio-Geographical Universalism in Acts 14:8-20（Analecta Biblica 143; Rome: Pontifical Biblical Institute, 2000）.
"The Disputed Case Against Paul: A Redaction-Critical Analysis of Acts 21:27-22:29," *The Catholic Biblical Quarterly* 65/2（2003）232-250.

訳者

山中 大樹 S.J.（やまなか・たいじゅ）

カトリック司祭、イエズス会士。
兵庫県出身。1994 年上智大学法学部法律学科卒業、学士（法学）。民間企業勤務後、1997 年イエズス会入会、2007 年司祭叙階。2008 年上智大学大学院神学研究科博士前期課程修了、修士（神学）、S.T.L. 取得。2014 年教皇庁立聖書研究所にて聖書学修士（S.S.L.）、2022 年聖書学博士（S.S.D.）取得。2022 年 9 月から 1 年間、Fordham University で Campion（post-doctoral）Fellow。
（主な著書・記事）
*Philip, a Collaborative Forerunner of Peter and Paul*: A Study of Philip's Characterization in Acts（Analecta Biblica 234; Rome: G&B, 2022）.
「『父－子』に生きる——マタイ福音書が示す一霊性」、越前喜六編著『霊性——光輝く内なる言葉』（教友社、2017 年）、120-152 頁。

# 新約聖書ギリシア語の文法解説
### シンタックスについての学習者のための手引き

発行日‥‥‥‥2023 年 7 月 28 日 初版

著　者‥‥‥‥ディーン・P・ベシャルド
訳　者‥‥‥‥山中 大樹
発行者‥‥‥‥阿部川直樹
発行所‥‥‥‥有限会社 教友社
　　　　　　275-0017 千葉県習志野市藤崎 6 - 15 - 14
　　　　　　TEL047 (403) 4818　FAX047 (403) 4819
　　　　　　URL http://www.kyoyusha.com
印刷所‥‥‥‥モリモト印刷株式会社
©2023　カトリック・イエズス会 Printed in Japan
ISBN978-4-907991-97-5 C3016

落丁・乱丁はお取り替えします